本书系南京市百名优秀文化人才培养资助项目（20BM1009）、江苏省社科基金重点项目（22SHA002）、南京市青年文化英才培养资助项目"民声数智服务研究博士工作站"阶段性成果。

中国政府热线的
理论探讨
与实践创新

THEORETICAL
DISCUSSIONS
AND
PRACTICAL
INNOVATIONS OF
CHINA'S GOVERNMENT
HOTLINES

张新生
叶静 著

民声

LISTENING TO PEOPLE'S VOICES
IN
THE PAST
FOUR
DECADES

四十年

社会科学文献出版社

序　言

政府热线是当代中国重要的制度创新之一。1978年，党的十一届三中全会的成功召开拉开了中国改革开放的大幕，带来了经济快速发展的同时，也为民生领域的改革吹来了一阵春风。为顺应改革开放后的经济社会发展需要、提高政府工作效率，设立市长公开电话成为改革开放初期政府管理制度改革的重要创新举措。1983年是中国政府热线发展的元年，沈阳、鞍山、武汉等城市纷纷设立"市长公开电话"，打破了传统的政府"高高在上"的刻板印象，畅通了社情民意的传递通道，拉近了政府与群众的距离，提升了政府工作的透明度和公信力。

政府热线是"以人民为中心"、推动服务型政府建设的关键抓手。经过近四十年的发展，"12345，有事找政府"的口号深入人心，政府热线成为连接政府与百姓的"连心桥"、反映社情民意的"晴雨表"。对群众而言，政府热线提供了更加方便快捷的政务服务、公共服务和生活服务，以及解决各类现实问题的渠道，方便群众更好地监督政府部门履职；对政府而言，热线是了解社情民意最直接、最便捷的窗口，对优化公共资源配置、辅助公共政策执行、推动服务型政府建设具有重要价值。

四十载栉风沐雨，砥砺奋进。经过不懈努力，我国政府热线实现了跨越式发展，经历了从无到有、从小到大、从弱到强的发展历程。政府热线从最初的"一人一机"电话模式转变为如今多渠道受理、24小时全天候为民服务的公共服务平台模式，从不成熟的临时性补缺型制度演变为推动城市管理精细化、提高政府民生保障能力的有效工具，在推进治理体系和治理能力现代化建设中发挥着越来越重要的作用。如今，我国的"12345"政务服务便民热线（以下简称"12345"热线）已经构建了覆盖全国的网络体系，成为全世界范围内服务人数最多、影响力最大的政府热线之一。

当前我国政府热线正处于整合发展、跨越升级的关键时期。中国特色社会主义进入新时代，我国社会主要矛盾已经转化为人民日益增长的美好生活需要和不平衡不充分的发展之间的矛盾。站在历史的交汇点展望未来，我国政府热线的发展要顺应历史、适应时代、凝聚民心。在我国全面建成小康社会、实现第一个百年奋斗目标之后，乘势而上开启全面建设社会主义现代化国家新征程之时，政府热线将迎来更广阔的发展机遇、承担更重要的历史使命。

在这个承前启后的关键时期，对政府热线的系统性研究具有重要的理论价值和现实意义。这本《民声四十年——中国政府热线的理论探讨与实践创新》从历史叙事入手，系统阐述了我国政府热线的发展历程、对政府热线的理论探讨、热线应用的实践创新和对政府热线未来发展的愿景展望，详尽汇总了世界各地政府热线发展的优秀案例，为当下我国政府热线的整合发展提供参考。具体而言，我们试图实现以下四个方面的结合。

一是将理论与实践相结合，既要有理论层面对政府热线功能和价值的剖析，也要有实践层面丰富多彩的各类技术、应用和制度创新。政府热线作为"民有所呼"的重要窗口和"我有所应"的重要渠道，有效推进了社会治理的精细化、缓解了社会矛盾，用一根"绣花针"穿起民生"万家线"。社会冲突学派代表学者刘易斯·科塞（Lewis Coser）曾强调社会冲突"清洁了空气"，它允许人们自由表达言行，防止敌对情绪的积累，从而维护社会的和谐稳定。[①] 政府要创新治理体系、寻求能有效化解和预防社会矛盾的体制，健全重大决策社会稳定风险评估机制，建立畅通有序的诉求表达、心理干预、矛盾调解、权益保障机制，使群众的问题能反映、矛盾能化解、权益有保障。政府热线是倾听百姓诉求、有效回应民意的新时代社会"安全阀"。在治理问题上，群众是"出卷人""阅卷人"，政府则是"答题人"。而在现实中，政府热线作为群众声音的倾听者，在实际解决问题时仍然受到很大限制。热线要打通基层治理的"血脉经络"，树立"以人民为中心"的发展理念，相信群众，依靠群众，从群众中来到群众中去，让政府热线成为群众参与社会治理的"直通线"，让人民的声音服务于人民。

二是将历史与未来相结合，既要有对政府热线近四十年风雨历程的回顾，也要有面向未来对政府热线发展趋势

---

① 刘易斯·科塞：《社会冲突的功能》，华夏出版社，1989。

的展望。我国政府热线经历了启航、破局、蝶变近四十年的发展历程,在从市长公开电话到市长热线、市民热线、政务热线等一系列变迁中,始终坚持民生导向,关注广大群众的需求,走出了具有中国特色的政府热线发展之路。当今世界正面临百年未有之大变局,在全球范围内新一轮科技革命和产业变革蓬勃兴起的时代背景下,以大数据、人工智能、云计算、移动互联网为代表的数字技术在社会治理中发挥了不可替代的作用。城市治理不可能孤立于时代的发展趋势之外,其必然要更加主动地融入全球创新网络,跟上各产业领域向数字化、智能化快速转型的潮流。我们要加快数字政府的建设,提升政府治理能力,增强人民群众的幸福感、获得感。我国政府热线建设也要不断深化技术应用创新,用信息化手段感知社会态势、畅通沟通渠道、辅助科学决策,以推进国家治理体系和治理能力现代化。

三是将国内与国际相结合,既要有对国内政府热线的全景式剖析,也要有基于国际视野的对不同国家、地区之间政府热线的借鉴参考。政府热线制度并非中国独有,研究政府热线也需要具有全球视野,把握时代脉搏,紧扣人类生产生活的新要求和新趋势。中国"12345"热线与全世界范围内有影响力的主要政府热线产生的时间接近,但在产生的背景、发展的特征、承担的社会功能等方面具有一定的差异,可以相互借鉴和启发。放眼全球,无论是大洋彼岸的美国"311"热线交互式语音应答系统的应用,还是澳大利亚"Centrelink"热线的创新声纹识别技术,又或者是SAS文本挖掘技术,都推动了政府治理向高质量发展方向转型升级。"12345"热线也需要不断发挥自身优势,把政府热线数字化、智慧化转型作为重要方向,提高政府热线数据共享开放水平及以政府热线为前端和枢纽的现代化服务型政府建设水平。

四是将常态与危机相结合,既要有对传统政府热线功能的梳理、整合,也要有应对重大突发公共事件的应急策略。2020年以来全球范围内暴发的新冠肺炎疫情给政府热线的发展提出了新的命题,即如何在危机常态化状态下更敏锐地感知与预测公共危机信号,并更迅速地部署抵御与防控措施,以更平稳地渡过危机状态,最大限度降低灾害的破坏程度,从而保障群众在灾害环境中获得公共产品与服务的权益,维护社会的公共利益。事实上,经过多年的发展,政府热线已经成为信息采集、汇总、抓取的平台,在应对危机时具有时效性强、真实性高、覆盖面广等突出优势,能够及时、高效、准确地反映民生诉求,动员各级政府组织,及时化解危机。新时期,政府热线还应当在应急管理体系中发挥更加突出的作用,将热线视作公共危机预警平台,通过挖掘民生数据了解民生需求,可以提高政府应对重大突发事件的能力。

承前启后,继往开来。政府热线是应时代要求而生的制度创新,为改革开放以来的经济社会发展做出了积极贡献,并伴随着群众需求的变化不断改革,推动了社会治理现代化水平的提升。进入新发展阶段,全国各族人民都在为实现中华民族伟大复兴的中国梦而团结奋斗,我们比历史上任何时期都更接近中华民族伟大复兴的目标,比历史上任何时期都更有信心、有能力实现这个目标。在"以人民为中心"的发展思想指引下,在建设人民满意的服务型政府、推进国家治理体系和治理能力现代化的道路上,我们相信政府热线将再次开启新的创业征程,不断书写新的辉煌篇章,不断增强人民群众的获得感、幸福感、安全感。

张新生

2021 年 12 月 31 日

目 录

第一部分 历程回顾：政府热线1983-2022

第一章 启航：我国政府热线的早期探索   3
  第一节 沈阳"市长公开电话"迈出创新一步   4
  第二节 广播电视的普及与媒体热线的兴起   8
  第三节 跨城市热线互动与全国网络的形成   12
  第四节 早期政府热线的制度起源与演化   14
  第五节 转型视角下早期政府热线的时代意义   17

第二章 破局："12345"的诞生与行业热线的发展   21
  第一节 "12345"热线，从杭州开始   22
  第二节 从"市长热线"到"市民热线"   25
  第三节 综合热线升级与行业热线兴起   30

第四节　关于统一热线标识的尝试　　　　　　　34
　　第五节　热线运营的模式创新与探索　　　　　　36

第三章　蝶变：热线大整合与新时代的挑战　　　　40
　　第一节　宏观政策引导下的政府热线改革　　　　41
　　第二节　规范化发展与标准化探索　　　　　　　44
　　第三节　热线联动与跨区域平台的建设　　　　　51
　　第四节　政府热线大整合时代的来临　　　　　　55
　　第五节　网络渠道的崛起与新时代的挑战　　　　61

第二部分　热线观察：多元视角下的政府热线

第四章　理论探索：从概念到功能的解构　　　　　69
　　第一节　政府热线的名称演变及概念辨析　　　　69
　　第二节　热线功能多样化及其演变历程　　　　　72
　　第三节　流程再造和服务型政府建设　　　　　　78
　　第四节　矛盾纠纷化解和社会安全阀机制　　　　81
　　第五节　群众互动参与和社会治理现代化　　　　87

第五章　技术变迁：热线技术变革与时代挑战　　　94
　　第一节　传播技术变革和政府热线兴起　　　　　95
　　第二节　政府热线技术发展的历程与变迁　　　　101
　　第三节　政府热线数据利用面临的主要挑战　　　105
　　第四节　新时期推动政府热线水平提升的
　　　　　　重点技术　　　　　　　　　　　　　　108

第六章　经验借鉴：全球政府热线的发展与创新　113
第一节　21世纪前后政府热线的发展热潮　113
第二节　特色政府热线建设的实践与探索　118
第三节　我国政府热线制度创新与中国式民主　123

第三部分　探索之路：我国政府热线的实践与创新

第七章　保障民生：需求驱动的公共服务供给侧改革　129
第一节　公共服务需求表达与识别机制　130
第二节　政府热线在需求识别中的特点　133
第三节　热线数据助力公共服务中长期规划　136
第四节　基于政府热线的公共服务流程再造　139

第八章　精准治理：城市问题的诊断与防治　143
第一节　热线数据可视化精准发现问题　144
第二节　利用历史数据跟踪问题演变趋势　148
第三节　数据联动提高政府城市问题解决能力　151
第四节　融合热线数据的城市治理模式优化　153

第九章　危机应对：突发公共事件与政府热线的成长之路　157
第一节　重大突发事件中政府热线的探索与功能提升　158
第二节　危机演变的内在逻辑与热线的作用机制　162
第三节　政府热线在危机应对中的

　　　　　　价值与独特优势　　　　　　　　　　　166
　　第四节　提升政府热线危机应对能力的思路策略　170

第十章　社会监督：科学评价提升政府工作绩效　175
　　第一节　在实践中不断优化的政府热线监督　　　176
　　第二节　政府热线社会监督功能的科学化　　　　180
　　第三节　政府热线监督面临的挑战与制度化建设　183
　　第四节　媒体联动放大政府热线监督实效　　　　187

第四部分　面向未来：关于政府热线的思考与展望

第十一章　理性审视：对政府热线发展方向的思考　193
　　第一节　警惕政府热线认知的常见"误区"　　　　194
　　第二节　厘清政府热线服务的范围与边界　　　　197
　　第三节　破解政府热线发展的制度性障碍　　　　199
　　第四节　科学研判热线诉求背后的真实民意　　　202
　　第五节　客观理性看待政府热线的智能化　　　　203

第十二章　展望未来：创新驱动政府热线高质量发展　209
　　第一节　从"政府导向"到"市民导向"
　　　　　　的角色转换　　　　　　　　　　　　　210
　　第二节　从"语音热线"到"数字热线"
　　　　　　的渠道拓展　　　　　　　　　　　　　212
　　第三节　从"单向服务"到"互动参与"
　　　　　　的模式优化　　　　　　　　　　　　　216

**第四节　从"分散响应"到"集成服务"
　　　　的全面升级**　　　　　　　　**220**

**第五节　从"注重外在"到"以人为本"
　　　　的价值回归**　　　　　　　　**225**

附录一　民生四十年大事记　　　　　　　**233**

附录二　政府热线专业术语　　　　　　　**238**

参考文献　　　　　　　　　　　　　　　**241**

后记　四十年热线创新路，未应磨染是初心　**257**

表目录

表 1-1　1983 年我国 100 万人口以上城市的人口数　5
表 1-2　20 世纪 80 年代部分城市市长热线的开通情况　7
表 1-3　全国部分城市市长公开电话工作年会历届承办情况统计　13
表 1-4　政府热线与传统信访工作的比较　16
表 2-1　2007 年部分省会城市政府热线机构编制情况　23
表 2-2　"12345" 热线网络印象调查统计表　28
表 2-3　国内各主要城市 "12345" 热线开通时间统计表　32
表 3-1　国家层面政府热线相关重点政策汇总表　43
表 3-2　部分政府热线相关标准一览表　46
表 3-3　近年来全国性政府热线交流活动汇总表　51
表 5-1　当前政府热线不同诉求渠道的特征比较　99
表 6-1　全球有影响力的综合性政府热线/服务平台汇总　115
表 7-1　常见公共服务需求采集渠道及特征比较　135

图目录

图 1-1　中国电话普及率（1978~2010）　9

图 2-1　"12345"热线形容词网络搜索词云统计图　30

图 3-1　政府热线（非紧急）与其他热线
受理范围的关系示意图　57

图 4-1　全国"12345"热线名称词云统计图　70

图 5-1　2008年苏州"12345"热线平台
设计业务架构图　104

图 7-1　公共服务需求采集识别的几种类型　132

图 7-2　南京市公共服务相关问题关注度词云分析　138

图 7-3　基于政府热线的公共服务流程优化　140

图 8-1　基于"311"热线的纽约市冬季供暖
相关投诉统计图　146

图 8-2　南京基于市民诉求数据追踪
"加拿大一枝黄花"空间分布　150

图 8-3　融合政府热线的城市问题治理模式优化示意图　156

图 9-1　城市系统在面临突发危机时经历的三个阶段　164

图 9-2　突发公共事件中民生感知与民生保障体系的
运作模式　174

图 12-1　佛山"12345学院"主要服务内容　219

案例目录

热线立法之《济南市"12345"市民服务热线条例》	50
江苏集成式企业诉求"一号响应"机制	54
东莞"12345"线上办事大厅	62
海口"12345"热线集中联动会商双向联办机制	77
浙江嘉兴"12345"热线来电人"情绪指数"的采集和应用	86
济南市"12345政协提案线索直通车"	90
南京"12345"热线数据辅助市"十四五"规划编制	137
基于热线数据的地铁站周边交通环境精准治理	147
基于热线诉求数据追踪生物入侵	149
从"民声"出发的"断头路"治理	152
江苏"12345"热线"多援一"远程协作体系	171
北京市"接诉即办"工作机制与政府绩效考核	178
杭州"12345"热线"效能指数"	183
上海"12345"热线与政风行风测评机制	186
联动政府热线的江苏"政风热线"	188
广州"12345"热线争议事项联合审定机制	200
江苏"12345"热线"语音零导航"	206
澳大利亚"Centrelink"热线的"人生事件模型"	211

上海"12345"热线手语视频服务　　　　　　**215**

美国费城"311"热线社区联络计划　　　　　　**217**

佛山"12345学院"的模式创新　　　　　　　　**219**

英国DWP公共事业呼叫中心的管理特色　　　**227**

香港"1823"政府服务热线理念　　　　　　　**231**

第一部分

历程回顾：政府热线 1983-2022

20 世纪 80 年代，随着新公共管理运动逐渐兴起，依托电话为主要载体的热线服务凭借高效、方便、快捷等优势成为政府管理方法创新的重要方式。以政府为主导，通过设立特定电话号码、建立呼叫中心，向民众提供咨询、投诉、建议等服务，政府热线在全世界范围内登场[1]。我国政府热线[2]也起源于这一时期，从 1983 年沈阳"市长公开电话"设立至今已经走过近四十个年头，从无到有、从弱到强、从分散到整合，走过了波澜壮阔的发展历程。

---

[1] 侯非、柳成洋、曹俐莉等：《国际比对视角下我国政府热线服务的现状、问题与标准化对策》，《西安交通大学学报》（社会科学版）2014 年第 34 卷第 6 期。

[2] 政府设立的热线类型多样，广义上既包括紧急类事务的热线，例如国外的 911 热线、国内的 110、120、119 热线等，也包括非紧急类的各类公共服务热线。根据国标 GB/T39666-2020《政府热线服务分类与代码》的定义，政府热线（Government Hotline）是由政府及其职能部门设立的非紧急公共服务呼叫系统，包括综合性热线、行业性热线和特定对象热线等类型。本书探讨的政府热线主要指由政府设立的综合性非紧急类热线。

第一章

启航：我国政府热线的早期探索

这是一张希望的网，一张博大的网，它把党和群众细织密结，紧紧相联。这张网，又像一张巨大的声音之网，像一个回荡着立体音响的舞台，带着人们向着一个无限美好的境界升腾。

——杨民青《市长公开电话畅想曲（报告文学）》[①]

20世纪70年代末，随着改革开放大幕缓缓拉开，我国经济体制的深刻变化带来了各种纷繁复杂的城市管理问题和社会问题，城市管理者迫切需要更加高效的社会信息获取渠道。改革开放初期的中国，电话和电报是最高效的通信方式，然而相比电报，电话在当时却是罕见的"奢侈品"。根据国家统计局的数据，新中国成立时我国电话的普及率仅为0.05%，全国电话用户仅有26万。到1978年，我国电话普及率为0.38%，全国电话用户214万，不及世

---

① 杨民青：《市长公开电话畅想曲（报告文学）》，《瞭望周刊》1984年第33期。

界水平的1/10。①尽管当时电话非常稀缺,但凭借其无与伦比的快捷优势,电话被率先应用到紧急类事务城市管理领域。1982年,火警电话119设立,标志着我国政府开始强化电话在城市管理中的作用,并推动了后来政府热线平台的产生和发展。尽管电话没有被首先应用到非紧急类的民生服务领域,但紧急类热线的设立无疑为后来的民生类热线发展提供了宝贵的经验。

第一节　沈阳"市长公开电话"迈出创新一步

　　1983年9月18日,沈阳市率先开通了我国第一部号码为"28011"的市长公开电话,从此拉开了我国政府热线发展的大幕。②后来"28011"又改为"96123"受理市民诉求,改称为沈阳市民服务热线。沈阳"28011"市长公开电话的设立是我国政府热线发展史上具有里程碑意义的事件,标志着以电话为媒介的民生互动模式正式开启。

　　我国首个政府热线出现在东北的沈阳并非偶然,大体可以归纳为两方面的原因:一方面是沈阳这座城市本身

---

① 数据来源于国家统计局 http://www.stats.gov.cn/。
② 关于谁是中国第一个开通"市长公开电话"的城市存在一定争议。现有文献资料表明,1983年共有沈阳、鞍山和武汉三座城市设立了"市长公开电话",其中沈阳的设立时间为9月18日,鞍山和武汉的设立时间并没有准确记录,部分研究认为鞍山的设立时间晚于沈阳,即第一个开通政府热线的城市是沈阳还是武汉存在争议。笔者辗转向如今的武汉"12345"热线核实当年热线设立的情况,由于年代久远无法确定准确时间。因此,本书沿用行业内普遍的观点,认为沈阳"28011"热线是中国最早的政府热线。

的体量优势。在20世纪80年代,沈阳是无可争议的"一线城市",地位无异于今天的"北上广深"。根据统计资料显示,1983年底全国100万人口以上的城市中,沈阳凭借408万的总人口,仅次于上海、北京、天津,排在全国第四位(见表1-1)。另一方面是东北地区相对较好的通信基础设施。东北地区很长一段时间以来是我国电话普及程度最高的地区之一,1938年哈尔滨就出现了早期由政府提供服务的雏形,即市内电话号码查询"04"台。1983年沈阳开通全国首部市长公开电话后不久,距离沈阳不远的"钢城"——鞍山市也设立了市长热线。

当年的沈阳无疑是一座创新的城市,就像如今的深圳。20世纪80年代的沈阳是一座充满生机的大城市,是被党中央、国务院批准的"经济体制综合改革试点城市"。作为东北地区最大的城市、我国机械工业的重要基地,沈阳凭借其强大的工业基础和庞大的城市人口,在当时具备了探索新社会管理模式的基础。像沈阳一样,早期设立市长热线的城市都是规模相对较大且处在改革发展前沿的城市,它们在改革开放中面临着复杂的经济社会矛盾和民生问题。人口规模仅次于沈阳,同样是国家改革开放初期"经济体制综合改革试点城市"的武汉,也在1983年设立了"市长公开电话"。

表1-1 1983年我国100万人口以上城市的人口数

(按非农业人口划分) 单位:万人

市名	合计	其中非农业人口	市名	合计	其中非农业人口
上海	639	632	南京	217	179

续表

市名	合计	其中非农业人口	市名	合计	其中非农业人口
北京	567	489	太原	179	132
天津	522	401	长春	177	139
沈阳	408	311	大连	152	127
武汉	328	279	兰州	143	112
广州	317	242	昆明	145	105
重庆	270	199	济南	136	107
哈尔滨	256	218	鞍山	124	106
成都	251	144	抚顺	121	106
西安	222	164	青岛	121	111

注：本表总人口不包括市辖县人口。
资料来源：1984年《中国城市统计年鉴》。

沈阳"28011"市长公开电话的设立作为管理模式创新，立刻引发了学习和模仿的热潮，并在短时间内席卷全国。根据刘伟的梳理，武汉市、鞍山市在1983年就设立了市长公开电话。[①] 1984年2月，重庆市开通了市长公开电话，相关负责人指出，重庆市受到了沈阳市和武汉市的启发。1984年3月，西安市开通了市长热线。1985年，乌鲁木齐市和郑州市相继开通了市长热线。1986年新年第一天，广州市正式开通了市长热线。赤峰市、深圳市、福州市、抚顺市与北京市在1987年开通了市长热线。

---

① 刘伟：《政治承诺的呈现与市长热线的仪式化》，《公共管理与政策评论》2021年第10卷第3期。

1988年，宁波市、烟台市、杭州市、成都市也相继开通了市长热线。1989年3月，青岛市市长热线正式开通。从1984年到1989年短短五年的时间里，市长热线在中国数十个大中城市相继设立（见表1-2）。

表1-2　20世纪80年代部分城市市长热线的开通情况

城市	开通时间	城市	开通时间
沈阳	1983年9月18日	深圳	1987年
武汉	1983年	福州	1987年
鞍山	1983年	抚顺	1987年
重庆	1984年2月	北京	1987年
西安	1984年3月	宁波	1988年
乌鲁木齐	1985年	烟台	1988年1月2日
郑州	1985年	杭州	1988年4月1日
广州	1986年	成都	1988年7月1日
赤峰	1987年	青岛	1989年3月

在社会层面上，早期市长公开电话的流行也具有特定的文化背景。20世纪80年代，文化普及率成为广大人民群众表达的瓶颈。尽管解放后的"扫盲运动"已经大大提高了人民群众读书认字的能力，但广大群众的文化水平仍然普遍不高。据1982年的人口普查统计，全国文盲和半文盲人数达二亿三千多万，占全国总人口数的近四分之一，能够正确表达和书写的人并不普遍。政府热线的出现，在一定程度上降低了群众表达的门槛，加上当时电话成为"新技术"的潮流引领，政府热线迅速传遍大江南北。

早期政府热线在名称设置上并不统一，大多以"市长"的名义与市民进行互动。早期政府热线通常称作"市长热线""市长公开电话""市长专线电话"，政府管理者都试图用政府信用为热线背书，通过"市长"的名称来强调热线的权威性，即"市长热线"是受市长委托，代表政府听取群众的意见、建议和批评，协调督促政府各职能部门切实为民服务、依法行政。广州政府热线设立初期被定义为"一部供市民直接向市长反映重大问题的市长专线办公电话"。部分城市也在报纸杂志上刊登市长接听电话的照片，让广大市民更加直观地感受到"市长"在热线中的作用。

第二节　广播电视的普及与媒体热线的兴起

20 世纪 80 年代市长公开电话掀起的浪潮席卷全国，但电话普及率和电信基础设施建设的短板却始终是"市长公开电话"发展的瓶颈。根据国家统计局关于电话普及率的统计数据（见图 1-1），沈阳第一部"市长公开电话"设立的 1983 年，我国电话普及率仅为 0.49 部/百人，10 年后的 1993 年才达到 2.22 部/百人，此后电话普及率飞速提高，逐渐进入"寻常百姓家"。

电话普及率的提高推动了政府热线的发展，同时广播电视等新媒体的发展也给政府热线带来了另一个强劲的竞争对手。随着收音机、电视机等的普及，打电话给媒体成为广大市民反映民生问题的重要途径，媒体问政和媒体热线蓬勃发展。例如，1988 年 5 月 1 日劳动节当天，南京人民广播电台推出了一档叫作"热线电话"的新闻节目，并设

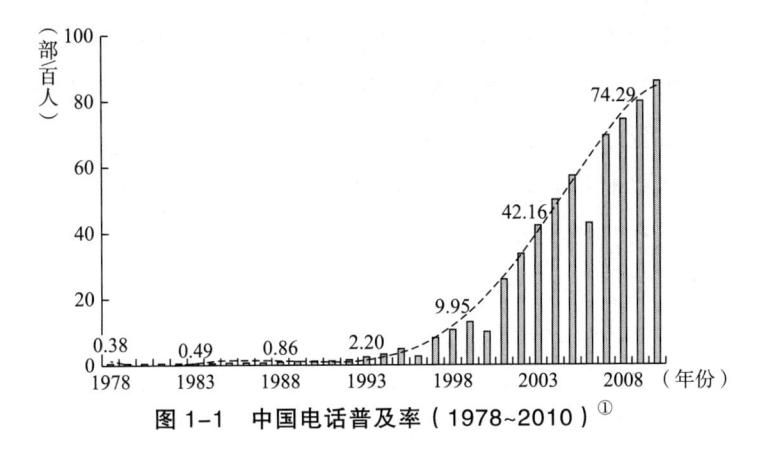

图 1-1　中国电话普及率（1978~2010）①

置电话号码"646464"作为听众和电台之间的沟通热线。"热线电话"是具有代表性的民生类媒体热线栏目，其在创办之初就宣布，要"反映市民的呼声，报道政府及有关部门对群众关心的问题作出的反馈，介绍领导人对热点问题的见解，为听众调查其迫切需要了解的问题"。②1991年天津人民广播电台则开通了"天津早晨"热线电话，天津市9个区的区长先后在"天津早晨"热线电话中倾听群众意见，获得了中央领导的肯定和表扬。天津的媒体热线也带动了报纸等"传统"媒体，当时经常发表群众投诉、发挥新闻舆论监督作用的还有《天津日报》《今晚报》的"海河浪花""社会广角""葵花灯下""夜间记者站"等栏目，这些媒体都长年累月、不辞辛苦、不怕"碰撞"地为群众倾吐心声、关心国事、针砭时弊提供支持。③从功能上来

---

① 数据来源于国家统计局 http://www.stats.gov.cn/。
② 万复泰：《南京电台的〈热线电话〉》，《视听界》1989年第5期。
③ 肖获：《热线·热点·热忱——天津市老百姓欢迎这样的舆论监督》，《新闻战线》1992年第2期。

说，这类热线发挥的社会功能与政府设立的"市长热线"具有相似性，但两者背后的逻辑不尽相同——前者依托的是媒体监督的力量，后者则是靠政府信用背书。

与政府热线相比，"双向互动"的媒体热线在倾听民声上具有独特的优势。1992年10月26日，上海人民广播电台的"市民与社会"节目开播，开创了中国广播史上将热线电话接进直播谈话节目的先河，内容涉及政治、经济、文化、教育、城市建设、社会管理等各个方面。[①] 因媒体具有新闻宣传和舆论引导的特点，媒体热线可以在获取群众声音的同时通过对民生问题的讨论将观点自然而然地反馈给广大群众。这档栏目时至今日依然生机盎然，并使不少上海市民形成了午间收听广播的生活习惯。

1995年，一场华东七省市参与的"省市长热线"活动把媒体热线的影响推向高潮。这场媒体热线活动由上海人民广播电台和人民日报华东分社联合举办，邀请了山东省、江西省、浙江省、福建省、江苏省、安徽省的六位省长和上海市市长参加，从当年的2月7日开始一直持续到2月27日结束。在近一个月的时间内，普通市民可以通过电话和省市长交流，参与讨论经济社会发展的重大问题，并通过广播电台实况转播快捷地传递给社会大众。凭借电话和广播间新颖的互动模式，这次活动在当时成为广受关注的热点事件[②]，不仅直播时间里电话"爆满"，直播之外群众打电话、写信者亦不计其数，参与者有老干部、

---

① 秦畅：《民声·市民与社会》，上海人民出版社，2007。
② 陈文炳：《走进省市长：'95华东省市长热线纪实》，复旦大学出版社，1996。

学者、金融人士、工厂工人，还有八旬老人、刚毕业的大学生等，诉求包括反映情况、出谋划策、了解政策等。除了地方媒体以外，《解放日报》《文汇报》《新闻报》等报纸也对"省市长热线"活动进行了跟踪报道，有新闻媒体将此次活动誉为"开创中国新闻界新一轮联合，展示社会主义民主的风范"。[①]尽管这种活动只是短时间的大型媒体互动，无法常态化开展，但也在打破行政区划限制、跨区域倾听民声方面进行了积极探索。

媒体热线作为重要的治理工具，通过和政府部门联合，构建受众、媒体、政府之间的沟通平台，借助政府部门的优势资源、权威信息吸引受众参与，使受众对相关节目及媒体的关注度大为提高，既扩大了节目的社会影响，也有利于提升媒体本身的影响力。例如，河北台的"阳光热线"作为媒体热线节目的典型代表，每次节目时长仅20分钟，却有一万多人次拨打热线，年广告创收达1.2亿元，位列全国省级电台十强[②]。

媒体热线和政府热线也并非是完全意义上的竞争关系。很多城市把舆论监督和行政手段结合起来，采取的基本方式是在报纸上开辟专栏，定期公布群众反映的、有典型意义的事件处理结果，并解释有关政策、规定，对一些积极处理市民电话的单位进行表扬。例如，重庆市政府在《重庆日报》头版开辟的"市长公开电话一周"专栏，每

[①] 左安龙:《开创中国新闻界新一轮联合 展示社会主义民主的风范 '95华东省市长热线轰动华东》，《新闻记者》1995年第4期。
[②] 文云红:《热线理政——广播媒介作为特殊的治理手段》，《现代传播》2010年第9期。

星期六刊载,答复本周通过市长公开电话反映的重要问题及办理情况。《广州日报》的"给市长打电话"专栏,成了当时检验党政机关工作效率高低的重要窗口。①部分城市甚至把政府热线直接设置在媒体节目中。例如,1996年《新闻知识》杂志对陕西宝鸡"市长热线"的报道中就提到"与一些城市的市长办公电话不同,宝鸡的'市长热线'开设在市经济广播电台的热线节目中。每月由市长参与主持一次。上情下达,下情上达,市长与市民被空中电波紧紧地联系在一起"。②

第三节 跨城市热线互动与全国网络的形成

"市长公开电话"设立的热潮一直延续到20世纪90年代。其间,江苏、黑龙江、天津、浙江、北京、安徽等省市负责人相继发表谈话或撰文,表示支持市长公开电话这一新生事物,全国三分之一以上城市陆续开通市长公开电话。③在"市长公开电话"不断设立的同时,部分政府热线也陆续进行了升级。例如,最早设立市长公开电话的沈阳在1997年成立了"市民投诉中心",以解决原市长公开电话条件有限、渠道不畅、效率不高、协调力度不强等问题,进一步加强市民与政府之间的联系,吸引了中央电视

[①] 徐小、刘卓安、袁光厚等:《设立市长电话之后》,《瞭望周刊》1988年第44期。
[②] 谢一民、时光:《宝鸡经济电台架起空中彩虹"市长热线"牵动千家万户》,《新闻知识》1996年第3期。
[③] 汪海:《市长热线作用分析及存在问题对策研究》,硕士学位论文,安徽大学,2007。

台《焦点访谈》、《新闻联播》栏目和《人民日报》等媒体的连续报道，在社会上引起积极反响。①

不同城市之间政府热线的互动在这一时期也开始出现并逐步制度化。1990年3月，杭州、南京、苏州、常州、镇江五个城市在常州召开市长公开电话理论研讨会，各城市政府办公室和市长公开电话部门负责人参加，标志着不同城市间政府热线的互动进入新阶段。1991年10月，广州和深圳牵头召集当时全国已开通政府热线的16个城市，召开了第一届"全国部分城市市长公开电话工作年会"。此后，这个由设有市长公开电话的城市自愿组织和发起的工作年会逐步成形，1995年第五届年会通过了《全国部分城市市长公开电话工作网络章程》，明确了其成员构成、值年市产生的规则和任期、年会举办周期、经费分担以及参与和退出机制等内容。全国部分城市市长公开电话工作年会的举办一直延续到2012年，参加的城市从16个逐步扩大到约90个，参会人数也从十余人扩展到近300人，在促进城市之间经验交流、推动热线工作发展上发挥了积极作用（见表1-3）。

表1-3 全国部分城市市长公开电话工作年会历届承办情况统计

届次	举办时间	主办城市	参加城市及代表数
第一届	1991年10月5日	广州、深圳	16个城市16名代表
第二届	1992年9月1日	沈阳、吉林	15个城市41名代表
第三届	1993年6月23日	重庆、成都	25个城市59名代表
第四届	1994年10月11日	青岛	26个城市60名代表

① 葛怀虎：《市长公开电话》，安徽人民出版社，2003。

续表

届次	举办时间	主办城市	参加城市及代表数
第五届	1995年9月21日	乌鲁木齐	29个城市84名代表
第六届	1996年9月	福州、厦门	—
第七届	1999年5月24日	西安	29个城市80名代表
第八届	2000年10月11日	北京	30个城市80名代表
第九届	2001年6月13日	武汉	32个城市92名代表
第十届	2003年10月12日	郑州	53个城市
第十一届	2004年11月29日	昆明	58个城市160名代表
第十二届	2005年	长沙	—
第十三届	2006年11月22日	杭州	52个城市102名代表
第十四届	2007年8月15日	长春	67个城市
第十五届	2008年6月25日	银川	68个城市180余名代表
第十六届	2009年11月11日	南宁	87个城市203名代表
第十七届	2010年8月29日	兰州	91个城市270余名代表
第十八届	2011年9月13日	厦门	86个城市298名代表
第十九届	2012年11月2日	济南	85个城市近300名代表

资料来源：根据网络相关报道和资料整理。

第四节　早期政府热线的制度起源与演化

政府热线在发展早期被普遍视为信访制度的组成部分。从制度起源来看，政府热线是在传统信访工作基础上的制度创新，是在电话这种技术应用普及后信访工作新的表现形式。汪济航在《市长热线电话在信访工作中的作用》

一文中指出,"全国各地陆续建立起形式多样的市长热线,疏通和拓宽了信访渠道,有效地加强和改进了信访工作"。[①]《中华人民共和国信访条例》对信访的定义是"公民、法人或者其他组织采用书信、电子邮件、传真、电话、走访等形式,向各级人民政府、县级以上人民政府工作部门反映情况,提出建议、意见或者投诉请求,依法由有关行政机关处理的活动"。[②]该定义不仅在内容上明确了接听和处理来电是信访工作的组成部分,在目的上政府热线与信访工作也同样是"为了保持各级人民政府同人民群众的密切联系"。黄少燕也认为政府热线是疏通和拓宽信访渠道、加强和改进信访工作的有效途径,是对传统信访制度功能转换和拓展的有效尝试。[③]此外,早期不少城市的政府热线在行政隶属关系上也是信访办、信访局的内设部门,时至今日仍有城市延续这种制度安排。

从政府热线和信访工作的比较来看,在目的和服务对象的类型方面,政府热线和信访工作具有一定的相似性,但政府热线在密切联系群众、维护群众合法权益之外,还突出为群众提供便利可及的公共服务。凭借打个电话就获得服务的不见面互动模式,政府热线服务对象的规模明显更大,服务对象的范围也更广。从功能来看,政府热线除

---

① 汪济航:《市长热线电话在信访工作中的作用》,《秘书工作》1999 年第 1 期。
② 《中华人民共和国信访条例》于 1995 年 10 月 28 日颁布,2005 年 1 月 5 日国务院第 76 次常务会议修订,并通过中华人民共和国国务院令第 431 号公布,自 2005 年 5 月 1 日起施行。
③ 黄少燕:《推进传统信访制度功能的现代转换:一项可能性的研究——以苍南县"12345"县长专线为例》,硕士学位论文,复旦大学,2008。

了受理投诉以外，还包含咨询、求助、建议等多种服务，涉及与群众衣食住行等日常生活相关的各个领域。从实践效果来看，政府热线的受理内容与信访工作相比通常更加简单和具体，问题办理周期更短，问题解决的成功率也相对较高。当然，这并不意味着政府热线比信访工作更有优势，信访工作在面对面服务和办理疑难问题上更具经验。政府热线与信访工作相互交叉和渗透，差异化的制度风格为维护群众合法权益提供了多样化的选择，两者相辅相成，在保持政府同群众的密切联系、维护社会稳定中共同发挥着积极作用（见表1-4）。

表1-4 政府热线与传统信访工作的比较

属性	信访工作	政府热线
目的	保持各级人民政府同人民群众的密切联系，维护群众合法权益	除密切联系群众和维护群众合法权益以外，政府热线还突出方便市民、为群众提供便捷的公共服务
服务对象	普通公民、法人或者其他组织	服务对象类型与信访工作基本一致，实际服务对象的规模通常高出多个数量级
机构功能	侧重化解社会矛盾，维护社会稳定	侧重服务群众，除投诉类诉求以外，还包含咨询、求助、建议等多种服务
受理渠道	以来信、来访为主，其中来访侧重当面交谈	以电话、短信、网络、邮件、信函等不见面的互动方式为主
受理范围	主要涉及群众切身利益问题，包括社会矛盾相关的政策问题、基层作风问题、历史遗留问题等	受理范围更广，包括与群众衣食住行等日常生活相关的各个领域

续表

属性	信访工作	政府热线
办理时效	涉及的问题通常相对复杂，办理周期通常较长，特别是疑难问题往往以月和年为单位	办理周期更短，咨询类诉求可以利用知识库立即回复，工单办理时间通常为数小时到数天不等

随着政府热线的不断发展壮大，热线电话在信访制度框架下的地位也不断提升。随着现代通信事业的发展，电话的普及率越来越高，书信等传统通信方式逐步被边缘化，省时省力的政府热线成为人们反映诉求的主要渠道，电话来访的数量和比重不断上升，相对于传统信访工作也越来越独立。时至今日，政府热线和信访工作已经成为两套基本独立运作的机制。2020年国务院发布的《关于进一步优化地方政务服务便民热线的指导意见》（国办发〔2020〕53号）对政府热线进行了更加明确的定义，在热线受理范围中首次明确了"已进入信访渠道的事项"不属于热线受理范围。这标志着政府热线和信访工作已经形成了相对明确的边界，经过近四十年的发展，政府热线经历了从小到大、逐步差异化的发展历程，已经形成了相对独立的、具有现代特征的制度体系。

第五节　转型视角下早期政府热线的时代意义

早期中国政府热线的发展是一个不断学习、跟进和赶超发达国家的过程。从"市长公开电话"开始，中国政府热线就有了对标发达国家政府热线的意识。1987年《瞭望周刊》的文章中有这样一段记录：（重庆市长公开电话）提出的问题有90%得到了解决。《纽约时报》记者刘易斯在采访时感叹道："纽约市长也有个公开电话，能解决20%的问题就不错了。"[①] 尽管中国政府热线的起步和发展时间并不晚，但早期其通信技术、基础设施与发达国家政府热线的差距显而易见。中国第一部"市长公开电话"设立时，中国电话普及率是0.49部/百人，同时期美国电话普及率约为65部/百人[②]，差距达数百倍。到美国"311"热线诞生的1996年，美国电话普及率为643部/千人，而中国电话普及率仅为63部/千人[③]，两者之间也相差了约十倍。尽管通信基础设施不足，中国早期政府热线仍然在电话普及过程中不断探索，在发展中形成了具有自身特色的制度体系。

　　政府热线在20世纪80~90年代的产生和兴起，背后有着更加宏大的社会转型背景。改革开放以来，我国社会结构发生了剧烈的变迁，在从传统封闭的农业社会向现代开放的工业社会转型的过程中，市场经济体制逐步建立、形成和完善，取代了高度集中的计划经济体制。国家权力在部分领域逐渐退出，传统的"单位制"逐渐失去了存在的土壤而走向解体，标志着政府与市民之间的互动关系发生了根本性的改变。随着越来越多的市民进入私营、外资、个体等所有制经济，市民对传统的"单位"依赖性逐渐降

---

① 李佩：《联系市长和市民的纽带："54444"》，《瞭望周刊》1987年第44期。
② 钟卓新：《一些主要国家的电话普及率》，《通信技术》1988年第2期。
③ 世界银行：《世界发展指标》，1999。

低,同时也意味着政府的角色发生了转变,不能通过"单位"直接将意志贯彻给市民,而政府热线的出现在某种程度上弥补了"单位制"的作用,成为政府了解民意、市民参与政策决策的平台。广大群众需要通过政府热线这个新渠道来表达心声,也希望政府热线能够协调和解决现实中的矛盾和困难。赵定东认为"市长公开电话"虽然是"单位制"解体后政府为和市民沟通的无奈之举,是公共领域管理不成熟、社区建设不发达的产物,但在客观上促进了政府与社会关系的良性互动,有利于社会张力的释放和稳定社会秩序的形成。[①]政府热线作为一种新的社会制度,既满足了市民向政府寻求指导和帮助的需求,也成为政府在新的社会结构下了解民意的新渠道,从这个意义上来说,政府热线的出现和发展并非偶然,而是改革开放和社会转型的必然结果。在传统计划经济向社会主义市场经济转型过程中,政府热线重新强化了市民与政府间的连接,在吸引市民积极参与社会治理的同时,协助政府了解社会需求,在促进新型社会秩序的形成上发挥了积极作用。

大鹏一日同风起,扶摇直上九万里。在初创起步阶段,政府热线虽然形式简陋,但却探索出了以"民声"为导向的城市治理方向。早期"市长公开电话"设立的主要目的是减小信访压力、拓宽政府监督的渠道、听取群众意见、为市民排忧解难、了解民情和实行监督。受当时社会经济发展条件的制约,"市长公开电话"更多是满足市民维权的希望和对新事物的好奇,实际能解决的问题相对有限。

---

① 赵定东:《整合中的社会沟通与"安全阀"的社会效用——C市"市长公开电话"的运作及功能》,硕士学位论文,吉林大学,2004。

但这并不能否定"市长公开电话"所发挥的积极作用,在中国社会结构变革中,在社会主义市场经济背景下,"市长公开电话"满足了广大群众表达的需要,让政府开始直接倾听群众呼声、了解群众需要,形成了政府拓展管理方式的"雏形",为后来政府热线的发展和多元参与的社会治理模式创新打下了实践基础。

第二章

破局:"12345"的诞生与行业热线的发展

治理之道,莫要于安民;安民之道,在于察其疾苦。
——【明】张居正

作为以地方政府为主体的创新,早期政府热线并未形成统一和标准的运作模式。在电话号码设置上与119火警电话等全国统一号码不同,20世纪80年代政府热线往往采用的是普通电话号码,如沈阳的政府热线号码是"28011",重庆的政府热线号码是"54444",杭州的政府热线号码是"24008",广州的政府热线号码是"332177"。这些热线号码不便于记忆,老百姓记不住,并且部分城市只有一条线路,热线接通率较低,市民使用不便,这些成为制约政府热线发展的重要因素。经过十余年的发展后,"市长公开电话"迎来了重要的升级时刻。

第一节 "12345"热线，从杭州开始

1999年6月15日，热线号码"12345"在杭州诞生了，这个号码在随后的二十余年时间里传遍祖国大地，成为家喻户晓的政府热线号码。根据杭州相关媒体的报道，"12345"这个号码的提出源于一次偶然事件，在今天看来甚至略显随意。1999年4月，杭州市领导去社区调研走访，在谈话中一位阿姨向市领导直言市政府的联系渠道不够畅通，市长公开电话不好记，可以设置为"12345"这样好记的号码。带着这个建议，市领导召集有关部门认真研究这个问题，并在几番听取意见后，将市长公开电话的号码由"24008"改为"12345"。

与此同时，国家层面对政府热线号码的规范工作也在同步推进。杭州市"12345"市长公开电话在开通前经向国家信息产业部报备同意，信息产业部将其作为政务类公开特服专用号码，升级为全国市长公开电话共享的号码。1999年6月25日，国家信息产业部宣布将"12345"作为全国统一的政府热线号码。[①]杭州市"12345"市长公开电话号码的设立形成了示范效应，"12345，有事找政府"的宣传语逐渐传开，"12345"热线开始在全国大中小城市

[①] 1999年6月25日，国家信息产业部发布《关于启用全国统一的政府热线电话号码"12345"的通知》(信部电〔1999〕566号)，经国务院领导批示同意，已开办政府热线统一启用"12345"号码，责成各地电信企业个体落实此项工作，对已启用其他短号码开通政府热线的应尽快调整到"12345"上来，各地开设政府热线电话的组网方式应由当地政府相关部门与当地电信部门协商，确定适宜可行的组网方式。

第二章 破局："12345"的诞生与行业热线的发展

普遍建立，成为各级政府和市民沟通的重要渠道。[1]

"12345"热线成立后，各地政府热线的发展也并非一帆风顺。不少城市政府热线的发展经历了艰难的起步期，面临经费不足、人员流动大、体制不顺等难题。从2007年部分省会城市热线机构的设置来看，各地热线的名称设置差异较大，主管部门多为市政府办公厅内设处室，也有城市将其归类到信访部门，行政级别从正科级到正厅级不等，编制人数更是差异巨大，从几人到几十人不等，部分城市不得不采取抽调挂职等措施解决热线运行的难题（见表2-1）。

表2-1　2007年部分省会城市政府热线机构编制情况[2]

城市	名称	隶属关系	级别	编制人数
哈尔滨市	市长信访电话办公室	市信访办	县处级	行政编制35人
长春市	市长公开电话办公室	市政府办公厅内设处室（办公厅副主任兼主任）	县处级	行政编制10人 事业编制15人
沈阳市	市政府市民投诉中心	与市信访局一个机构两块牌（副局长兼主任）	副厅级	行政编制12人 公益岗位20人
大连市	市政府市民投诉中心	市政府办公厅内设处室	县处级	行政编制8人
济南市	市长公开电话值班室	市政府办公厅内设处室	县处级	行政编制8人

---

[1] 王瑜:《整体性治理视角下贵港市"12345"政府服务热线整合及优化对策研究》，硕士学位论文，广西大学，2019。
[2] 汪海:《市长热线作用分析及存在问题对策研究》，硕士学位论文，安徽大学，2007。

续表

城市	名称	隶属关系	级别	编制人数
西安市	市长电话办公室	市政府办公厅内设处室	县处级	行政编制4人
武汉市	市长专线电话	市政府办公厅内设处室	县处级	行政编制8人 聘用人员24人
杭州市	市长公开电话受理中心	与市信访局一个机构两块牌子（副局长兼主任）	正厅级	行政编制15人 选调挂职40人
乌鲁木齐市	市长专线电话办公室	市信访局内设处室	正科级	行政编制4人 公益岗位5人
西宁市	市政府公开电话办公室	市政府办公厅内设处室	正科级	行政编制7人 聘用人员8人
兰州市	市长专线办公室	市政府办公厅内设处室	副处级	行政编制9人 聘用人员5人
太原市	市长办公电话	市政府办公厅内设处室	正科级	行政编制2人 抽调人员8人
石家庄市	市长公开电话办公室	市政府办公厅内设处室	县处级（高配）	行政编制16人 事业编制12人
郑州市	市长电话室	市政府办公厅内设处室	副处级	行政编制4人 借调人员12人
南昌市	市长热线电话办公室	市政府办公厅内设处室	正科级	行政编制3人 借调人员14人
长沙市	市政府政务公开电话室	市政府办公厅内设处室（增挂市应急办牌子）	县处级（高配）	行政编制7人
昆明市	市长热线电话办公室	市政府办公厅内设处室	县处级（高配）	行政编制21人 每年借调16人
南宁市	市长公开电话办公室	市信访局内设处室	正科级	行政编制8人

第二章 破局:"12345"的诞生与行业热线的发展

第二节 从"市长热线"到"市民热线"

"12345"热线成立后,政府热线的名称也悄然发生了变化,越来越多的热线不再强调"市长"概念,转而采用"市民热线""便民热线"等名称。从"市长热线"到"市民热线",一字之差的背后是政府简政放权的改革。基于服务型政府理念的热线要充分发挥作用,从以行政长官为中心的"市长热线"转到以服务广大市民为中心的"市民热线"是推动热线可持续发展的必然选择。当然,这种转型并非一蹴而就,也不代表热线从此不再需要"市长"关心,"市长"所代表的政府信用始终是"12345"热线发展的基础。不少城市通过"领导接听制度"代替早期"市长接听"的表述,例如南京"12345"热线在2011年建立之初就确定了由市领导接听群众电话的值班制度,市委、市政府还印发了《关于建立"12345"政府服务呼叫中心市领导接听值班制度的通知》,通过市领导现场批办和督促解决群众问题。

政府领导的重视是推动政府热线发展的重要因素。从市长公开电话开始,主打的"领导接听""市长督办"等形式就是推动热线发展的重要动力。在市长接听制度中,领导通过带头示范,为各级单位、部门和热线本身树立榜样,督促热线发挥更高效能,从而提升对群众诉求的办理力度。在中国的干部管理制度下,政府领导的重视形成的问责压力,可以在无形中推动各级政府部门之间"比学赶超"的竞争氛围。[①]领导亲自关注热线诉求,通报表扬或点名批评各级领导干部,问责效应层层传导、逐级加压,使基层政府对群众诉求丝毫不敢懈怠。"市长热线"的产生从某种程度上来说是基于"市长"的行政权力之上的,其早期运行也是借助政府"父母官"的权威作用。从这个角度来看,"市长热线"仍然是对政府主导作用的强化,这个过程将"领导意志"的重要性进一步放大,热线"对话"更多的是政府领导绕过行政体系对基层的"俯身倾听",这种姿态从长久来看并不可持续,这也是"市长公开电话"度过早期热潮后热度又相对降低的原因。

"12345"热线开通后,政府热线的形象也悄然发生着改变。群众利益无小事,为市民排忧解难是政府热线设置的初衷。从早期的"市长公开电话"开始,热线就是希望借助"市长"所代表的政府力量解决群众遇到的实际困难。热线在市民和政府之间架起一座桥梁,方便市民在遇到困难时能够越过复杂的科层体系,请"市长"或专职部门出面协调。然而,早期功能相对单一的热线难以满足逐步增多的群众诉求,部分"市长公开电话"因为难以拨通、效率低下等原因受到群众诟病,被群众称为"衙门"热线。网络上流传的两幅漫画将政府热线的不同形象表达得十分生动。漫画"官腔不得人心"描绘了传统政府部门"衙门"热线的官员在解决群众问题时傲慢自大、推诿扯皮的形象。与之形成鲜明对比,漫画"为民解忧的市长受拥戴"则刻画出务实解决群众问题的新官员形象,"12345,有事

[①] 王程伟、马亮:《绩效反馈何以推动绩效改进——北京市"接诉即办"的实证研究》,《中国行政管理》2020年第11期。

第二章 破局："12345"的诞生与行业热线的发展

找政府"的宣传口号也更加清晰、直接地表达了热线"为民排忧解难"的社会功能。

时至今日,"12345"热线展现出更加丰富立体的公众形象。有人说政府热线是"民生直通车",群众通过热线可以直接联系政府解决现实问题;有人说政府热线是"行风检测仪",是提高和改善政府作风的重要依据;还有人说政府热线是"形象代言人",是政府服务能力和水平的直接体现。这些说法都有道理,但都不全面。为了科学认识政府热线的形象,可以利用网络数据来进行一个简单而有趣的分析:首先是梳理与热线相关的形容词,通过文献梳理和网络搜索,汇总出包括传话筒、中转站、连心桥、解答器、裁判员、总客服、暖心桥等在内多达44个形容词,这些词语不仅丰富多样,而且格外偏好三个字的构成形式;其次统计这些形容词的搜索结果数,即将"12345""热线"[①]和对应形容词进行精确匹配搜索,统计各个形容词搜索的结果数,以发现哪些形容词在网络中的使用频率最高;最后利用词云分析工具将搜索结果进行图形展示和视觉表达。这些网络搜索结果包罗万象,涉及政府官方对热线的宣传报道、学者对政府热线的研究成果、广大群众对热线的网络表达等多种类型,通过图形化的分析结果可以直观地了解现实社会对政府热线的形象认知(见表2-2)。

[①] 由于政府热线在实际应用中使用"政务热线""便民热线""服务热线"等各种名称,而各地关于政府热线的报道普遍使用"12345"这个关键词,因此在分析中使用"12345"和"热线"作为两个关键词来代替"政府热线"。

表 2-2 "12345" 热线网络印象调查统计表

序号	关键词	结果数	序号	关键词	结果数
1	直通车	3670000	23	知心人	27500
2	连心桥	1920000	24	暖心线	19600
3	不打烊	1260000	25	展示窗	19500
4	加速器	786000	26	体检单	17600
5	中转站	538000	27	减震器	15500
6	代言人	509000	28	传话筒	9880
7	晴雨表	493000	29	聆听者	9810
8	百事通	377000	30	标尺线	7830
9	助推器	258000	31	监督岗	5970
10	观察员	241000	32	缓冲器	5930
11	风向标	239000	33	参谋员	5920
12	试金石	206000	34	总管家	3960
13	信息源	144000	35	沟通桥	2070
14	总客服	138000	36	减压器	2050
15	逆行者	109000	37	调解人	2030
16	检测仪	109000	38	消息树	2020
17	监测仪	101000	39	暖心桥	1090
18	智囊团	86000	40	解压阀	96
19	主入口	62700	41	应答器	85
20	扬声器	56300	42	监督仪	72
21	听诊器	38900	43	分诊员	61
22	裁判员	37100	44	解答器	23

第二章 破局:"12345"的诞生与行业热线的发展

从分析结果来看,政府热线的网络形象具有以下特征:一是突出了政府热线为民服务的基础属性。在各类与热线相关的形容词中,"直通车"、"连心桥"和"不打烊"最为突出,搜索结果数均超过一百万,表明在政府热线的形象中首先聚焦的是方便快捷地直通政府、为民排忧解难的热线基础功能。此外,"代言人""总客服""知心人""暖心线""暖心桥"等形容词也凸显了政府热线为民服务的主要形象。二是彰显了政府热线采集民生信息的延展功能。除基本的为民服务形象以外,"晴雨表""观察员""风向标""扬声器""听诊器""消息树"等形容词更多展现了政府热线采集民生信息的功能,政府热线通过倾听民声,成为最了解民情民意的机构。三是明确了政府热线促进政府效能提升的推动功能。"加速器""助推器"等形容词,反映了政府热线依靠解决群众难题、发挥群众监督职能,提高政府部门工作效能的形象。四是呈现了政府热线更加多样化的应用场景。除了上述功能形象以外,"逆行者"反映出政府热线在重大突发事件中能够发挥积极作用、提供必要服务,"智囊团"反映出政府利用民生数据辅助决策的功能,"检测仪""监测仪""体检单""标尺线"则反映出政府热线在城市问题诊断和发现中的价值,等等。[①] 这些丰富多彩的形象定位展示了政府热线多样化的功能,共同描绘了当代政府热线在社会生活中的立体形象(见图2-1)。

---

① 由于在分析中仅使用"12345"和"热线"作为关键词,因此并未能穷尽关于政府热线形象特征的检索,可能存在遗漏情况。

图 2-1 "12345"热线形容词网络搜索词云统计图

第三节 综合热线升级与行业热线兴起

进入 21 世纪后,随着电话和手机的普及率不断提高,政府热线的发展进入繁荣期。2000~2010 年十年时间里,我国电话普及率翻了两番多,从 19.10 部/百人提高到 86.41 部/百人,移动电话用户从 8526 万户增加到 85900 万户,增加了约 9 倍。[①] 群众通过电话和手机拨打政府热线变得更加方便快捷,同时广大群众的需求更加多样化,参与社会管理和维权的意识更强。综合热线和行业热线在这一时期也纷纷发展壮大。

"12345"热线诞生后的十余年中,各地陆续对原来的"市长公开电话"进行改革,建立全新的"12345"热线。2007 年,北京市成立非紧急救助服务中心,区别于紧急救助电话(110、120、119),该中心通过"12345"热线将政府各职能部门资源整合,为群众提供高效便捷的服务,开启了我国各城市热线整合的风潮。随后,我国大多

---

① 数据来源于国家统计局 http://www.stats.gov.cn/。

第二章　破局："12345"的诞生与行业热线的发展

数城市纷纷开始对原有政府热线进行升级或整合。[①] 2007年，深圳市"12345"热线整合了深圳市政府56个部门和单位的96个服务咨询电话，建立市政府处理行政机关职能范围内非应急事务的公开电话服务平台，主要负责行政机关职能范围内市民咨询、反映问题、建议、求助、投诉等来电的处理。2008年9月26日，济南市政府借鉴国内外城市先进经验，按照"统一平台、扩容升级、整合资源、部门联动"的原则，对全市原有40余条政府类热线进行了初步整合，将原有"市长公开电话"进行全面扩容升级，开通了"12345"市民服务热线。2010年，南京市撤销了77家市级政府部门、公共企事业单位和各区县政府的服务电话，成立"12345"政府服务呼叫中心，创建了"一个号码对外"、24小时人工接听、受理范围覆盖全市的电话综合服务受理平台。2012年，武汉市政府撤销了原有25个部门及单位的32部公共服务热线电话，改用"12345"热线，建立了"一口对外，内部办理"的服务机制。[②] 各地在政府热线整合上的率先实践，成为后来全国层面制定政策的"试金石"。整合分散的热线资源，着力解决政府各部门号码难记、电话难通、投诉难响应等问题，强化综合性政府热线建设，成为各地政府在实践中逐步形成的共识。到2015年前后，几乎所有地级市都设立了"12345"

[①] 王尉玲：《"市长热线"问题与对策研究——以哈市为例》，硕士学位论文，黑龙江大学，2015。
[②] 容志：《"集成式"热线与市民服务整体性响应机制构建》，《中国行政管理》2019年第8期。

热线，形成了覆盖全国的政府热线网络。[①]

表2-3 国内各主要城市"12345"热线开通时间统计表

城市	开通时间	城市	开通时间
杭州	1999年6月15日	合肥	2008年3月12日
长春	1999年6月21日	济南	2008年9月26日
西宁	1999年10月	哈尔滨	2008年12月10日
兰州	2000年4月1日	南京	2010年12月28日
昆明	2000年6月28日	上海	2012年10月8日
南宁	2001年11月11日	武汉	2013年1月1日
成都	2003年1月1日	长沙	2013年11月26日
南昌	2003年12月1日	广州	2014年1月3日
沈阳	2004年6月10日	郑州	2014年12月30日
福州	2006年3月3日	贵阳	2015年7月1日
呼和浩特	2007年1月25日	拉萨	2015年12月26日
重庆	2007年3月5日	银川	2016年12月4日
北京	2007年5月15日	西安	2017年12月31日
深圳	2007年12月12日	天津	2021年6月11日
海口	2008年2月1日		

注：根据各城市热线相关公开报道及致电"12345"热线了解后汇总形成。

在综合热线繁荣发展的同时，行业热线也迎来了重要的发展机遇。在"12345"热线诞生的同一年，1999年3

[①] 容志：《"集成式"热线与市民服务整体性响应机制构建》，《中国行政管理》2019年第8期。

第二章 破局:"12345"的诞生与行业热线的发展

月15日国家工商总局开通了"12315"消费者申诉举报专用电话,帮助消费者维护消费活动中的合法权益。一时之间,众多行业热线如雨后春笋一般出现,如社会保障热线"12333"、价格举报热线"12358"、税务热线"12366"、环保热线"12369"等,这些热线同"12345"热线一起,共同向广大市民提供咨询、投诉、建议等服务,成为政府服务热线的重要组成部分。行业热线在这一阶段空前壮大,有的城市热线电话数量甚至超过100个,因此这一时期也成为"行业热线的繁荣期"。[①] 行业热线的发展纠正了行业中的不正之风,促进了各行业的良性发展,但同时也出现了热线种类繁杂、号码难记、推诿扯皮等新的问题。部分行业热线由于受理方式单一、服务对象覆盖面小、资源配置不足等原因,难以真正发挥服务市民的作用,成了"僵尸号"。此外,分散设置的热线承载力不足导致电话接通率低,本该为市民提供便利的热线"各自为政",影响了政府的公信力,成为政府热线发展面临的新问题。热线的高成本、低效率、碎片化阻碍了政府内部管理水平和对外服务质量的提升,广大人民群众也希望有更简洁方便且号码统一的热线电话来响应自己的诉求,整合服务热线资源成为大势所趋和民众所愿。

[①] 王尉玲:《"市长热线"问题与对策研究——以哈市为例》,硕士学位论文,黑龙江大学,2015。

第四节　关于统一热线标识的尝试

"12345"热线在整合发展的同时,在图形标识上也尝试过进行统一和规范。政府热线的标识是政府层面主动传递和表达理念的重要媒介,也是最直接、最显性的形象符号。2007年8月16日,经第十四届全国市长公开电话年会与会代表表决通过,市长公开电话标识正式得到确认,作为"12345"热线的永久标识在全国统一使用。该标识图案由字母"C"结合"电话机"和"心"的艺术造型设计构成,颜色的运用上以红色调为主。字母"C"寓意市长公开电话的应用范围广泛;"电话机"寓意市长公开电话是市民服务统一热线;红色的"心"寓意政府和市民互相沟通、心心相连,是政府对市民爱心和诚心的体现。[①]该标识由长春市市长公开电话办公室面向全国统一征集,并已在长春市率先试用了两年多的时间。该统一标识在随后多年内被广泛使用,部分城市沿用至今。

尽管随着标识设计理念的更新,如今全国各地"12345"热线并未真正统一使用该标识,但当年政府热线在规范化和形象塑造方面做出的努力仍然对后来"12345"热线的发展产生了深远的影响。随着全国各省市"12345"热线的不断建成和完善,热线标识设计也呈现多样化、个性化的趋势。从标志设计的应用元素来看,大致包含两类。

第一类是具象的"电话"和抽象的"心"元素。电话

---

① 新华社:《"12345"市长公开电话正式得到确认,将全国统一》,http://www.gov.cn/zfjs/2007-08/16/content_719009.htm。

和声音是政府热线的具象符号，不少地区在热线标识的设计上延续了全国市长公开电话标识的设计思路，以"电话"为主体形状或将"电话"与"心"相结合，突出热线是政府沟通市民的"桥梁"，展现政府为民服务的形象。其中，北京市"12345"非紧急救助服务中心、辽宁"8890"综合服务平台、银川"12345"热线、广西"12345"热线、武汉"12345"热线等重点突出了"电话"元素。南京、银川、上海等地的热线标识中还使用了声波图形代表"电话"背后的"民声"。南京"12345"热线的标识结合了南京市花梅花和电话声波的元素，展现热线为群众发声的初心使命。温州"12345"热线的标识还突出了"心"形元素。该标志用白鹿、江水、纽带及电话等元素组合成一个爱心，体现了温州"12345"热线充分发挥党和政府与人民群众间桥梁纽带作用的寓意。① 在色彩搭配上，不少地区偏好使用代表热情、爱心的"红色"，以及代表专业、科技的"蓝色"，以彰显现代政府热线倾听民声、专业高效的形象。

第二类是具有地域特征的地方化符号元素。不少省市在政府热线标识中融入了独具地域特色的地理风貌和环境特征，凸显了当地的地域特色和形象。例如：上海"12345"热线直接用数字和笔画拼合成了一个代表上海简称的"沪"字，以文字符号凸显个性；江苏"12345"热线则突出"水韵江苏"中"水"的特点，并在标识中标明了"就在你身边"的核心理念，富有丰富的符号语义，具有较强的艺术感、辨识度；杭州"12345"热线标识图案是一条丝带在

---

① 温都网：《温州"12345"热线 Logo 出炉》，http://news.wendu.cn/2018/0724/729948.shtml。

空中飞舞,形成一个"三潭"的造型,颜色的运用上是清一色的绿色,丝带最后与"12345"的"5"结合,"三潭"代表杭州,丝带代表"12345"热线是政府与百姓沟通的桥梁纽带[①];西安"12345"热线标识以"大雁塔"为主体形象,四周由丝带围绕,不仅表现出西安是古代"丝绸之路"的起点,更表明"12345"热线是政府与群众的"连心桥";广西"12345"热线标识的主体是具有广西特色的信鸽,信鸽尾部是电话机的造型,标识中还体现了热线服务的口号"12345,心系你和我",突出了政府心系百姓、为百姓办实事的精神;南昌市"12345"政务服务便民热线标识的上方是滕王阁的造型,下方"12345"的"1"变形为电话机,表示电话是"12345"热线的主要受理渠道;武汉"12345"热线标识以"12345"数字号码为主体,向上承托黄鹤楼图案,凸显武汉特色,向下延伸圆润半圆弧,表示热线将"微笑服务、热情解答"。

第五节 热线运营的模式创新与探索

"12345"热线不仅仅是对不同热线号码的统一,背后更是对城市内部不同部门行政资源的调配和重组,以及对相关制度的改革创新。不同于传统政府热线完全依托政府部门的模式,各地热线在建设中也通过创新运营模式、丰富服务内容、优化运作流程等方式推动了政府热线的改革。主要包括以下三方面。

---

① 浙江在线:《杭州"12345"市长公开电话形象标志正式揭幕》,http://zjnews.zjol.com.cn/05zjnews/system/2009/06/14/015589596.shtml。

第二章　破局:"12345"的诞生与行业热线的发展

一是热线流程分解与专业化探索。在服务型政府建设中,政府并非是全能政府,政府也不是公共服务的唯一提供者,企业、民间组织、行业组织等非政府组织都可以加入到提供公共服务的行业中来,实现多元化的公共服务供给模式。①政府热线的运营涉及行政管理、话务服务、系统服务、监理服务等多个环节,并不能完全依靠政府为主体来建设。不少城市在热线运营中尝试将部分专业领域服务外包,例如广州"12345"热线在筹建时就按照"政府主导,服务外包"的思路,通过政府采购将话务服务、系统服务和监理服务进行外包,为后来热线的高水平专业化发展打下了基础。这种模式,一方面充分发挥了政府在解释政策法规、协同行政部门、调度行政资源等方面的官方权威优势,支撑起了热线架构的建设;另一方面发挥了企业在技术和运营方面的专业性,通过其成熟的呼叫中心标准化运营体系,集合人力资源供给、服务效能监管、高新技术支持等企业优势,打造出权威、高效的服务型热线。

二是多元化热线运营主体的探索。2011年8月,成都文明热线"96110"开通,热线成立的主体不再是政府,而是第三方的成都传媒集团,这是一条由新闻媒体、志愿者、行业部门共同参与的服务热线。其中,志愿者负责收集信息和部分热线接听,主要成员来自社区、公交、出租、环卫等各行业征募的110名市民,负责见证和监督热线的受理、派发、处理和反馈的全过程。该热线同公安、建委、

---

① 唐晓阳、王巍:《新公共服务理论及其对我国建设服务型政府的启示》,《岭南学刊》2009年第1期。

规划、交委、水务等54个单位签订"文明热线联动协议书",对不文明行为进行整改。媒体则利用电视、报纸、网络等渠道进行跟踪报道。①成都文明热线"96110"从性质上来说更偏向于媒体监督热线,部分借助于行政权力,利用第三方媒体舆论监督来推动社会治理,这是"96110"热线的主要特色,也是推动公共事务由政府主管转向市民自主参与、行政监督与社会舆论监督并举的重要探索。

三是针对特定群体服务的探索。2011年6月18日,首条全国统一的台胞公共信息服务热线"4001968111"开通。作为第三届海峡论坛期间福建省推出的重要惠台措施之一,该热线用普通话、闽南话和客家话三种语言,全天24小时服务。该热线设立的目的是增进两岸民众的沟通互动、促进两岸服务信息资源共享,加快福建省作为两岸人民交流合作先行先试区域建设的步伐,及时了解台胞、台商、台生的需求,加强涉台服务工作,推动惠台政策措施的落实。②

"12345"热线成立后的十余年中,政府热线在不断创新中摸索着改革的经验。从全国范围内看,地方政府仍然是热线创新发展的主体,各地热线的创新发展不断为热线制度的完善贡献地方智慧。尽管早期政府热线的发展面临诸多困难,但这一时期综合性热线的制度框架已经逐步形成,实现了从"市长热线"到"市民热线"的角色转型。

---

① 王健生:《各地公共服务热线有多热》,《中国改革报》2012年2月9日。
② 中国日报:《全国首条"台胞公共信息服务热线"开通24小时服务》,http://www.chinadaily.com.cn/dfpd/fj/2011-06/20/content_12734879.htm。

国家层面对热线号码的统一发挥了关键作用，成为政府热线统一化和规范化的开端，为接下来全国性的政府热线改革打下了坚实基础。

第三章

蝶变：热线大整合与新时代的挑战

> 下情求不上通，谓之塞，下情上而道止，谓之侵。
> ——《管子·明法》

　　党的十八大以来，党中央、国务院高度重视民生工作，国家层面对政府热线的规范和指导也随之开始，提出人民至上是作出正确抉择的根本前提，要心里始终装着人民，始终把人民利益放在最高位置，要聚焦人民群众需求，切实解决好群众的操心事、烦心事、揪心事。国务院多次就深化"放管服"改革、切实便利企业群众出台意见，针对政务服务热线号码多、群众办事"多头找"的问题，要求推动政务服务便民热线优化，提高为企便民服务的效率和水平，在各地实践的基础上，从国家层面强化了政府热线整合发展的政策指引。从"自下而上"的地方创新到"自上而下"的系统规范成为这一阶段政府热线发展的主要特征。

第三章　蝶变：热线大整合与新时代的挑战

第一节　宏观政策引导下的政府热线改革

2013年前后，政府热线迎来了新一轮发展和变革的浪潮。2013年9月18日，国务院常务会议提出要"认真办好热线电话，努力增强提升政府公信力、社会凝聚力的'软实力'"。[①]同年，党的十八届三中全会提出要创新社会治理体制，改进社会治理方式，建立畅通有序的诉求表达、心理干预、矛盾调解、权益保障机制，使群众问题能反映、矛盾能化解、权益有保障。国务院办公厅还发布了《关于进一步加强政府信息公开、回应社会关切、提升政府公信力的意见》（国办发〔2013〕100号），提出要加强政府热线电话建设和管理，清理整合有关电话资源，确保热线电话有人接、能及时答复公众询问。[②]这一轮政府热线改革的背景是政府机构主动适应经济社会发展趋势、建立服务型政府的改革。2013年，国家层面推动大部制改革，以职能转变为核心，目的是实施简政放权、推动机构改革、完善制度机制、提高行政效率。这次机构改革按照扁平化、高效化的总体思路，推动政府部门合并，提高工作效能，全面建设服务型政府。[③]政府热线作为连接政府

[①] 中国政府网：《李克强主持召开国务院常务会议（2013年9月18日）》，http://www.gov.cn/guowuyuan/2013-09/18/content_2591078.htm。

[②] 中国政府网：《国务院办公厅关于进一步加强政府信息公开回应社会关切提升政府公信力的意见》，http://www.gov.cn/zwgk/2013-10/15/content_2506664.htm。

[③] 平捷：《服务型政府视角下市民服务热线运作及优化研究——以上海市"12345"市民服务热线为例》，硕士学位论文，复旦大学，2013。

和群众的纽带，推动热线的综合性集成化发展也可以理解为是宏观层面机构改革的具体体现。

在技术层面上对政府热线的规范也随之跟进。2016年国务院办公厅发布的《"互联网+政务服务"技术体系建设指南》（国办函〔2016〕108号）明确提出要通过"12345"等政务服务热线集中接受社会公众的咨询、求助、意见、建议和投诉，通过信息化手段逐步整合各部门现有的政民互动渠道，及时解决群众反映的热点和难点问题，提供政策法规、办事程序、生活指南及查询有关部门职能范围等咨询服务，为热线整合发展指明了方向和技术路线。[①]

2020年12月28日是政府热线发展历史上的重要一天。国务院办公厅印发《关于进一步优化地方政务服务便民热线的指导意见》（国办发〔2020〕53号），这是国务院首次单独围绕政府热线的发展出台正式的指导性文件。该意见明确要加快推进除"110""119""120""122"等紧急救助热线外的政务服务便民热线归并，统一整合为"12345"政务服务便民热线。同时优化流程和资源配置，将热线受理与后台办理服务紧密衔接，确保企业和群众反映的问题与合理诉求及时得到回应和办理，使政务服务便民热线接得更快、分得更准、办得更实，打造便捷、高效、

---

① 中国政府网：《国务院办公厅关于印发"互联网+政务服务"技术体系建设指南的通知》，http://www.gov.cn/zhengce/content/2017-01/12/content_5159174.htm。

规范、智慧的政务服务"总客服"。①

表 3-1　国家层面政府热线相关重点政策汇总表

序号	政策名称	文件号	重点内容
1	《关于进一步加强政府信息公开、回应社会关切、提升政府公信力的意见》	国办发〔2013〕100号	加强政府热线电话建设和管理，清理整合有关电话资源，确保热线电话有人接、能及时答复公众询问
2	《"互联网+政务服务"技术体系建设指南》	国办函〔2016〕108号	从技术层面提出通过信息化手段逐步整合各部门现有的政民互动渠道
3	《关于进一步优化地方政务服务便民热线的指导意见》	国办发〔2020〕53号	聚焦政府热线整体发展思路，优化地方政务服务便民热线，提高政府为企便民服务水平

国办发〔2020〕53号文件的推出对政府热线集约化发展意义重大，是政府热线发展中的又一里程碑事件。在推动热线整合发展思路上，文件首次提出政府热线发展的四大原则：一是坚持属地管理和部门指导相统筹。充分发挥各地区在热线归并和管理服务工作中的主导作用，压实地方特别是市县责任，加强部门政策支持和配合衔接，一个号码、各地归并。二是坚持诉求受理和业务办理相衔接。明确"12345"热线与业务部门的职责，加强工作衔接，"12345"热线负责受理企业和群众诉求、回答一般性

---

① 中国政府网:《国务院办公厅关于进一步优化地方政务服务便民热线的指导意见》，http://www.gov.cn/zhengce/content/2021-01/06/content_5577419.htm。

咨询，不代替部门职能，各部门按职责分工办理相关业务、实施监管执法和应急处置等，涉及行政执法案件和投诉举报的，"12345"热线第一时间转至相关部门办理，形成高效协同机制。三是坚持便民高效和专业支撑相结合。以切实便利企业和群众为出发点和落脚点，拓展受理渠道，完善知识库共享、专家支持、分中心联动等机制，提高热线接通率和专业化服务水平。四是坚持互联互通和协同发展相促进。强化"12345"热线平台与部门业务系统互联互通和信息共享，推动"12345"热线与各类线上线下政务服务平台、政府网站联动融合。相关部门要加强对普遍性诉求的研究分析，解决共性问题。这四大原则分别从管理主体、业务流程、能力提升和协作创新四个方面明确了政府热线的改革方向，为今后一段时期内政府热线的发展明确了思路。

第二节 规范化发展与标准化探索

作为一种自下而上的制度创新，政府热线从诞生以来长期面临不规范、不统一的问题。各地政府热线发展普遍存在着运作机制和管理方式各不相同、自发性和盲目性突出、重复投入和资源浪费等问题。由于缺乏相关标准，政府热线难以从根本上解决整体的服务质量提升问题，也不利于开展对热线数据的分析利用，实现热线受理规范化、办理流程化和服务高效化成为各地政府着手探索的新方向。2010年以后，综合性政府热线在规范化和标准制定上快速推进。在此之前，与"110""119""120"等紧急救助热线相比，"12345"热线在受理要求、受理时限、办理流程、服务要求等方面存在较大的差距。例如，早在2003年公安部就针对"110"热线发布了《110接处警工作规则》，对报警服务的受理范围、工作流程、响应效率、服务态度、奖励处罚等进行了详细规定。

　　标准化是缩小政府热线地方差异、推动政府热线高质量均衡发展的关键抓手。政府热线制度形成近四十年来，各地受观念、历史、文化等方面因素的影响，政府热线发展水平参差不齐，不同地域之间、不同城市之间差异较大。只有从标准上对热线服务进行统一，明确热线服务功能的底线和要求，才能确保全国层面政府热线的高质量发展。2013年12月，国家标准化管理委员会下发《关于下达2013年第二批国家标准制修订计划的通知》（国标委综合〔2013〕90号），正式批准由济南市"12345"热线牵头制定政府热线服务的国家标准。2016年，济南、北京、上海、广州、昆明、太原等城市政府热线和相关单位联合起草并发布了中华人民共和国国家标准《政府热线服务规范》（GB/T 33358-2016），对政府热线的概念术语、机构设置、场所设施、人员配备、服务内容、质量控制、评价改进等方面进行了规范，并同步推出了《政府热线服务评价》（GB/T 33357-2016）。2020年，《政府热线服务分类与代码》（GB/T 39666-2020）根据热线发展的实际情况，规范了政府热线服务的分类方法、编码规则和扩展要求，并建立了相应的分类体系及代码表。

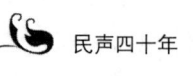

表 3-2 部分政府热线相关标准一览表

序号	标准编号	标准名称	发布日期	实施日期	地区
1	DB51/T 1614-2013	四川省政务服务热线建设规范	2013/11/12	2013/12/1	四川
2	DB13/T 2089-2014	"12345"市长热线服务规范	2014/12/24	2015/1/15	河北
3	GB/T 33358-2016	政府热线服务规范	2016/12/13	2017/7/1	国标
4	GB/T 33357-2016	政府热线服务评价	2016/12/13	2017/7/1	国标
5	DB41/T 1860-2019	"12345"政务热线服务与管理规范	2019/9/30	2019/12/30	河南
6	DB5109/T 1-2020	政务服务热线话务受理工作规范	2020/7/15	2020/7/20	遂宁
7	DB5109/T 2-2020	政务服务热线话务受理工作考核规范	2020/7/15	2020/7/20	遂宁
8	DB5109/T 3-2020	政府服务热线督办工作规范	2020/7/15	2020/7/20	遂宁
9	DB5109/T 4-2020	政府服务热线督办工作考核规范	2020/7/15	2020/7/20	遂宁
10	DB5201/T 110-2020	"12345"公共服务热线服务规范	2020/7/29	2020/10/28	贵阳
11	DB34/T 3685-2020	统一政府热线服务平台建设规范	2020/8/3	2020/9/3	安徽

续表

序号	标准编号	标准名称	发布日期	实施日期	地区
12	GB/T 39666-2020	政府热线服务分类与代码	2020/12/14	2020/12/14	国标
13	DB3301/T 0328-2020	"12345"政务热线服务规范	2020/12/15	2021/1/15	杭州
14	DB5106/T 09-2020	"12345"热线服务与管理规范	2020/12/18	2021/1/1	德阳
15	DB3702/T 0009-2021	市民诉求数据分析与应用规范	2021/10/9	2021/10/9	青岛
16	CJ/T545-2021	城市运行管理服务平台数据标准	2021/12/6	2022/1/1	全国

全国各地对政府热线标准化的探索也在同步推进，先后出台了一批地方标准。2013年，四川省推出了《四川省政务服务热线建设规范》（DB51/T 1614-2013）；2014年，河北省推出了《"12345"市长热线服务规范》（DB13/T 2089-2014）；2016年，苏州市便民服务中心基于国家标准推出了政府热线（苏州）测评指标体系，为推进国家标准的全面实施和全国政府热线的建设管理提供"苏州经验"；2017年，广州市推出了《广州"12345"政府服务热线工作实施意见》，建立热线受理、转派、反馈、督办、办理、回复、回访、监察全流程执行标准；2019年，河南省推出了《"12345"政务热线服务与管理规范》。2020年，地方热线标准集中推出，安徽、遂宁、贵阳、杭州、德阳围绕热线话务受理、考核、督办、平台建设等方面出台了多达8个地方标准。2021年青岛市发布的《市民诉求数据分析与应用规范》（DB3702/T 0009-2021），成为首个涉及民生诉求数据处置和分类方面的地方标准。这些政府热线标准的制定和推出，进一步规范了热线的建设和管理，有利于适应社会发展的新形势和新要求，提高群众需求表达体验，践行"以人为本、执政为民"的服务理念，推动现代化服务型政府建设。

法治化也是这一时期政府热线规范化发展的重要体现。长期以来，各地政府热线的发展实际上无"法"可依，导致各地在热线设置、运营和管理上存在巨大差异，受领导个人偏好和价值取向影响较大。本质上，政府热线只是受政府委托，代表政府听取群众意见建议，协调促进职能部门和基层政府履职为民的窗口单位。从法理上来说，政府热线只有沟通协调的义务,没有基于法律法规进行实质处置的权利。陈虎认为热线只是政府体制内的创新,社会公共问题的最终解决还有赖于在建设政治文明的大环境中加强法制建设,依法行政,健全行政责任制,改革现行的行政体制,培育和扶持解决问题的多元化主体。[1]因此,政府热线要实现长久可持续发展,需要进一步提高热线工作的制度化和专业化水平,在制度设计上强化法治思维,在工作流程上坚持依法运行,从诉求的采集、办理到结果的反馈和群众的监督,都要严格遵循制度规范,依法履行政府热线职能,让群众在服务中感受到公平正义。[2]

在法治化探索的道路上,各地形成了各具特色的地方经验。例如,济南在2017年启动人大立法调研,2018年将制定热线条例列入立法计划。经广泛征求社会各界意见建议和数十次修改,《济南市"12345"市民服务热线条例》于2018年9月1日正式施行。这是全国首部以立法形式巩固优化热线工作机制和办理流程的地方性法规。该条例的问世为全国各地政府热线的发展提供了可资借鉴的"济南范本",围绕"能办事、办成事"的目标,优化了热线受理、办理、督办等各环节制度设计,压实了政府及有关部门的责任,明确了热线工作运行的信息公开和考核制度,建立起热线健康发展的长效工作机制,为解决人民群

---

[1] 陈虎:《政府体制内的制度创新——武汉市市长热线电话的制度分析》,《云南行政学院学报》2003年第4期。
[2] 张旻:《把政务热线建成人民群众的"幸福线"》,《群众》2021年第5期。

众日常生活中需要政府办理的问题提供了法治保障。[1]

参考案例：热线立法之《济南市"12345"市民服务热线条例》

《济南市"12345"市民服务热线条例》（以下简称《条例》）旨在依法行政、提高为民服务水平，共七章四十四条，涵盖了立法宗旨、适用范围、工作原则、职责分工、来电人的权利义务、受理办理、督办考核、监督监察、法律责任等内容，涉及热线工作的方方面面。《条例》不仅规范了政府应对群众诉求的行为，还明确了来电人的权利和义务，指出来电人对热线事项办理进度和结果享有知情权、对办理情况享有回复权、对个人信息享有被保密权、对不规范服务享有投诉举报权。同时，来电人的义务包括对反映问题的真实性负责，维护市民服务热线正常工作秩序，不得歪曲捏造事实，不得骚扰、侮辱、威胁热线受理人员、工作人员等。《条例》以提高行政效能、增强为民服务能力、创新社会管理、推进国家治理体系和治理能力现代化为设计宗旨，不仅使热线事项从受理、办理到督办、考核、监察问责的全过程形成了完整的工作体系，而且作为全国首部专门针对市民服务热线所立的地方性法规，《条例》的问世为全国各地政府热线的发展提供了可资借鉴的范本。[2]

---

[1] 济南市人民政府网：《从日均80件到热线立法 12345"济南模式"走向世界》，http://www.jinan.gov.cn/art/2018/12/21/art_23076_2761578.html。

[2] 济南市人民政府网：《〈济南市"12345"市民服务热线条例〉将于9月1日起施行》，http://www.jinan.gov.cn/art/2018/8/20/art_23076_2618529.html。

第三节　热线联动与跨区域平台的建设

各地政府热线的蓬勃发展强化了热线之间的互动和交流，全国性的政府热线活动在这一时期也全面升级。2017年9月，由地方政府和社会机构联合举办的全国"12345"政府服务热线年会在北京召开，后连续在上海、海口、驻马店举办，2020年参会城市达189个。2019年，由中山大学、中国信息协会等单位联合主办的全国政务热线发展高峰论坛在北京召开，后连续在潍坊、北海举办。这些活动取代了原来的市长公开电话工作年会，成为政府热线领域年度性的重要活动。

表3-3　近年来全国性政府热线交流活动汇总表

活动名称	举办时间	举办地点	活动规模
第一届全国"12345"政府服务热线年会	2017年9月18~20日	北京	62个城市（单位）151名代表参会
第二届全国"12345"政府服务热线年会	2018年9月17~19日	上海	120多个城市（单位）200余名代表参会
第三届全国"12345"政府服务热线年会	2019年9月16~20日	海口	185个城市（单位）345名代表参会
第四届全国"12345"政府服务热线年会	2020年7月27~31日	驻马店	189个城市（单位）400余名代表参会
第五届全国"12345"政务服务便民热线大会	2021年7月22日	线上	20余家热线单位线下观摩，1万多人次线上观看
第一届全国政务热线发展高峰论坛	2019年8月8日	北京	300余名代表参会

续表

活动名称	举办时间	举办地点	活动规模
第二届全国政务热线发展高峰论坛	2020年7月22~24日	潍坊	300余名代表参会
第三届全国政务热线发展高峰论坛	2021年9月23~24日	北海	400余名代表参会
第一届全国政务热线发展年会	2020年12月22日	北京	300余名代表参会
第二届全国政务热线发展年会	2021年1月12日	广州	100余名政务热线代表、300余名专家学者和媒体代表参会

资料来源：根据网络相关报道和资料整理。

  政府热线的跨区域联动机制和省级平台也纷纷建立。随着城市化水平的不断提高，人口流动趋于普遍化和常态化，公共服务的异地办理需求不断增加，一些跨城市、跨区域的诉求问题仍待破解。在此背景下，越来越多的地区逐渐突破城市的限制，建立了省级政府热线。2016年7月1日，全国首家省级政府"12345"热线于海南运行。[①]作为全国第一家由省政府成立的"12345"综合服务平台，海南"12345"综合服务热线开通了省长热线、省长信箱，民情、民意直达省长、省政府领导和各厅局长办公室，并实行厅局长轮班制度，由各个厅局长轮流值班。2017年1月，江苏建成"12345"在线服务平台，成为国内首家覆

---

① 宗兆宣：《省政府服务热线"12345"正式运行》，《海南日报》2016年7月3日。

盖全省、省市一体化联动的政务热线服务平台。[1]

同时，在推动热线整合发展、省市联动的基础上，跨城市的热线联动机制也应运而生，联系紧密的都市圈和相邻城市的热线联合机制也在不断试点。2021年5月10日，《成都都市圈（成德眉资同城化）稳定公平可及营商环境建设专项行动方案》发布，提出推动成都、德阳、眉山、资阳四市"12345"服务热线系统互联互通，全面实现全域"一键咨询""信息共享""服务联动"。[2] 2021年9月28日，桂林市与南宁市、崇左市、百色市、玉林市"12345"政务服务便民热线跨市服务联动启动仪式在南宁举行。根据五城市签署的合作协议，群众在五城市中任一城市拨打"12345"热线，即可选择其他联动城市进行相关求助咨询，享受更高效便捷的政务服务，这也是全国首次推出"12345"热线跨市联动服务，建立起了区域横向协作的"朋友圈"。[3] 这项举措不仅打破了公共服务的地域限制，更拓宽了人民群众享受公共服务的渠道，进一步提高了政府部门的工作效率和服务水平。

2013年7月4日，上海·台北城市论坛举行，签署了四项合作备忘录，其中就包括上海市"12345"市民服务热线与台北市"1999"市民当家热线的交流合作，约定

---

[1] 张旻：《把政务热线建成人民群众的"幸福线"》，《群众》2021年第5期。
[2] 蒋君芳：《成都都市圈营商环境建设行动方案印发 推进"无差别受理、同标准办理"》，《四川日报》2021年5月11日。
[3] 桂林市人民政府网站：《桂林联合四城市在全国首次推出"12345"热线跨市联动服务》，http://guilin.gov.cn/ywdt/bmdt/202110/t20211005_2133523.shtml。

双方不定期就两市市政服务热线之服务流程、运作模式、未来发展方向进行研讨,主动相互提供协助。双方观摩学习彼此市政服务热线的运作方式、业务推动经验及跨单位、跨部门间的协调机制,以促进双方市政服务热线的业务创新,提高为民服务的品质及效率。同时,双方建立两市市政服务热线实地参访、交流联系渠道,主动相互提供协助。[1]

政府热线的服务对象也逐渐从个人拓展到企业。近年来,不少政府热线尝试面向企业开展服务,特别是2020年以来,不少企业遇到了前所未有的困难,迫切需要快速、便捷地联系政府,咨询政府的相关政策,解决生产经营中的实际问题。以江苏集成式企业诉求"一号响应"为例,江苏各级政府部门通过不同载体和渠道,采用多种方式服务企业,取得了积极的成效。

参考案例:江苏集成式企业诉求"一号响应"机制[2]

江苏"12345"的"一企来"企业服务热线于2020年11月18日正式开通。企业特别是中小微企业如有生产经营方面的诉求,可直接拨打12345"一企来"企业服务热线,由省市两级政府的1378名"政策专员"通过热线予以权威精准解答,帮助企业解决"急难愁盼"问题。江苏建立起集成式企业诉求"一号响应"机制,在全国属首创。

---

[1] 王海燕:《上海·台北城市论坛举行签四项合作备忘录》,《新民晚报》2013年7月4日。
[2] 曾伟:《全国首创!江苏开通12345"一企来"热线》,《江苏经济报》2020年11月19日。

开设"一企来"企业服务热线,为广大企业特别是中小微企业提供了方便快捷的热线"总入口"。企业拨打"12345"一个号码就可以找到政府,"一号响应",实现从找多个部门到找一个政府的跨越。不仅如此,企业拨打"一企来"企业服务热线,还可以通过现场语音互动交流,打一通电话可反映多个诉求。"一企来"企业服务热线将发挥与各级政策专员联通的优势,分类诊断、定向连接,推进企业诉求"一次性答复""一揽子解决"。"一号响应"和政策专员现场连线解答,使企业诉求办理更加合理高效。"一企来"收到的是企业真实鲜活的诉求,反映出生产经营发展中的真正痛点,这是极其宝贵的数据资源。"12345"可以定期对企业诉求进行梳理分析,发掘不同区域、不同规模、不同行业的企业的关注重点,围绕企业关心的"热点"、制约企业发展的"堵点",生成部门画像和企业画像,形成研判分析报告,供相关政府部门使用,助力政府精准研策、分类施策,推动企业更好发展。

第四节 政府热线大整合时代的来临

政府热线的整合发展是治理体系和治理能力现代化的必然选择,是整体性治理视角下的最优选择。政府热线的分散设置不利于跨区域、跨部门的诉求解决。缺乏牵头部门的协调,不同部门之间信息难以互联互通,容易相互扯皮推诿,使群众诉求更加难以得到落实。从整体性治理理论来看,整体性治理以整体价值作为基本价值追求,强调政府整体效果的最优和公共利益整体最佳。[①] 整体性治理聚焦政府内部机构和部门的整体性运作，主张管理从分散走向集中，从部分走向整体，从破碎走向整合。[②] 具体而言，政府热线碎片化和分散化的缺点主要包括两大方面。

一是分散设置的热线缺乏经济性。在整体性治理的逻辑下，公共治理的碎片化和分散化必然会增加不必要的行政成本，这种成本不仅包括各类政府热线的号码繁多和功能重叠，也给统一政府热线的标准和流程造成了障碍。[③] 热线的设置不只是一部电话机，还需要一整套的技术设备、人员配置、办理流程和管理体系。个别小的冷门热线一年到头也接听不到几通电话，但仍然要占用不少编制、设备和经费。此外，规模较小的热线受资源限制往往既难保持全天候运营，又不能处理集中性的高发诉求。

二是分散设置的热线往往功能欠缺。当遇到涉及多个部门的复杂诉求时，市民往往会选择向多个热线重复反映，既造成了资源的浪费，也不利于群众诉求的解决。而行业热线往往只受理特定领域内的问题，例如，"12369"热线只受理环保相关诉求，"12333"热线只受理劳动关系、社会保障相关诉求，其优势在于专业性强，对相关领域法律法规掌握得更加清楚。从具体实践来看，群众的具体诉求往往非常复杂，小问题也会涉及多个部门，例如一

---

① 王佃利、吕俊平：《整体性政府与大部门体制：行政改革的理念辨析》，《中国行政管理》2010年第1期。
② 竺乾威：《从新公共管理到整体性治理》，《中国行政管理》2008年第10期。
③ 姚尚建、梅杰：《城市治理的差序参与——基于"市民服务热线"的分析视角》，《学术界》2018年第2期。

个简单的停车难问题，就可能涉及规划问题（停车场规划）、管理问题（停车管理规范）、消费问题（停车管理企业相关问题）、园林绿化（停车占用绿地）等多个领域，其他管理问题可能还涉及主干道停车（交通管理部门）、次干道停车（城市管理部门）和小区内停车（物业管理）等。单一的行业部门热线在遇到权责交叉的情况下极易相互推诿，导致群众诉求在不同部门之间来回扯皮，问题长期得不到解决，最终使群众在来回"踢皮球"中"凉了心"，影响到政府的公信力。

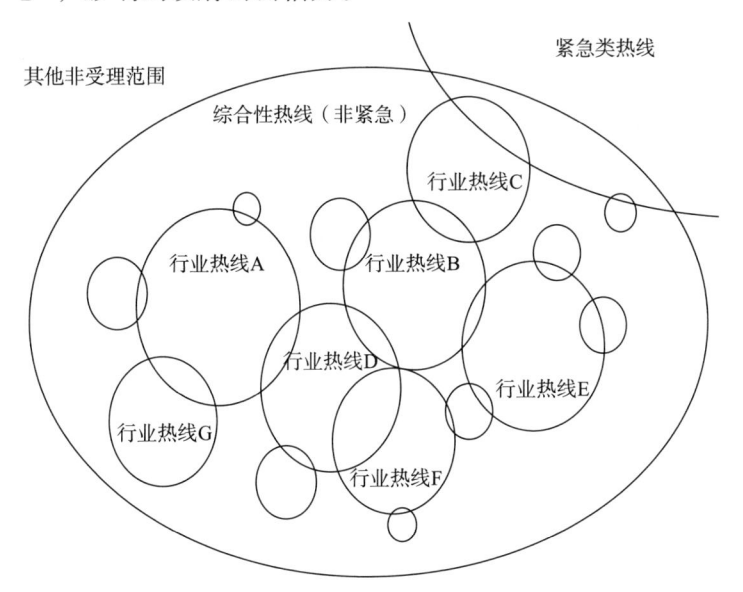

图 3-1　政府热线（非紧急）与其他热线受理范围的关系示意图

综合性的政府热线是一个包罗万象的"大杂烩"，既包括不同行业热线的受理范围及其交叉领域，还包括随着经济社会发展产生的新事物和新问题，受理范围甚至超过行业热线的总和（见图 3-1）。此外，综合性热线可以对因政策法规不明确，不同领域和部门之间来回推诿的问题进行协调和监督，从而提高政府协同解决问题的能力。作为连接群众和政府的桥梁，政府热线的整合也包括前端整合和后端整合两大部分。

前端整合是以市民为中心的服务供给，指"将政府服务进行整合，以便市民能够根据自己的需求无缝地获得这些服务"。[①] 全面的前端整合不仅要求跨越不同部门，把不同渠道的号码进行清理归并，还需要整合各类服务渠道，以最大程度地满足人民群众的需求。Roy 和 Langford 在研究美国"311"热线整合时认为，这种集成式的公共服务供给方式主要源于过去二十年里思想和技术的进步。[②] 一方面是以市民为中心的治理哲学，在思想观念上推动了公共服务供给模式的改变；另一方面是支撑电子政务发展的数字技术的出现。[③] 政府机构通过相互联系的项目提供公共服务，但传统分级政府在部分领域和情境下存在失灵的风险，即机构间缺乏联系并且无法接触服务对象，进而导致服务效率低下。[④] 作为一种重新思考传统政府工作机

---

① Kernaghan, K., "Moving Towards the Virtual State: Integrating Services and Service Channels for Citizen-Centered Delivery," *International Review of Administrative Sciences*, 71.1(2005): 119-131.

② Roy, J. and Langford, J., *Integrating Service Delivery Across Levels of Government: Case Studies of Canada and Other Countries*. (Washington, D. C. : IBM Center for the Business of Government, 2008).

③ Alshawi, S. and Alalwany, H., "E-Government Evaluation: Citizen's Perspective in Developing Countries," *Information Technology for Development*, 15.3(2010):193-208.

④ Charih, M. and Robert, J. , "Government On-Line in the Federal Government of Canada: The Organizational Issues," *International Review of Administrative Sciences* 70.2(2004): 373-384.

制的方式，以市民为中心的服务一体化理念要求为市民提供的服务不会被行政管辖边界所限制，并确保市民可以自由选择邮件、电话、互联网等方式和渠道与政府互动。

后端的整合则是面向政府和机构。后端服务可以由多个机构共享，并聚合在一个区域内以覆盖整个组织，从而避免重复开发相似服务。[①] 美国"311"热线的改革突出共享服务，即一种协作策略，将现有的业务功能子集集合成一个新的、半自主的业务单元，旨在提高效率、节约成本和改进服务。[②] 以政府为对象，共享服务是指"由公共机构共同开发的，可在不同政府机构的不同业务流程中多次使用的通用服务"。共享服务满足了各级公共行政部门共同工作的强烈需要，建立一个共享的后台办公室有利于避免重复工作，降低成本，让机构从类似的日常工作中解放。[③]

对政府热线的整合发展虽然形成了普遍共识，但在具体实践中还面临专业性行业的技术性壁垒。例如，"12333"热线由国家人力资源和社会保障部统一设立，是主要用于人力资源和社会保障政策业务咨询、政务公开、投诉举报、社保账户查询等服务的全国统一咨询服务专用电话，涉及社会保障领域的专业性知识和数据系统，难以直接纳入综

[①] Janssen, M.and Borman, M., "Characteristics of a Successful Shared Services Centre in the Australian Public Sector," *Transforming Government People Process & Policy* 2010, 4.3(2010): 220-231.

[②] Bergeron, B. P., *Essentials of Shared Services*. (Hoboken, NJ: John Wiley & Sons, 2003).

[③] Dollery, B.,and Akimov, A., "Are Shared Services a Panacea for Australian Local Government? A Critical Note on Australian and International Empirical Evidence," *International Review of Public Administration* 12.2 (2008): 89-99.

合性政府热线体系中。因此，政府热线的进一步整合发展，还需要在更高层面打破"行业壁垒"的"顶层设计"。推动政府热线整合发展、做强综合性热线不仅是对热线资源在物理上进行重组，还在于通过整合能够在一定程度上解决公共服务提供中的获取难、协调难、监督难等问题，特别是解决不同部门之间权责不明的问题，将复杂的办理流转过程框定在政府体系内部，提高政府内部的协作、联动效能，让群众少跑路，从而提高群众获取公共服务的便捷度和满意度。

2020年，国务院办公厅《关于进一步优化地方政务服务便民热线的指导意见》（国办发〔2020〕53号）的发布对推动热线的整合发展起到了决定性作用。此后，各地热线纷纷开展整合归并工作，综合性热线的功能更加强化。政府热线的整合对公共服务供需两端都有积极意义，主要体现在两大方面：一是面向群众提高热线服务的便捷性。政府热线直接面向企业和群众，是反映问题、解决问题的重要渠道。推动地方政务服务便民热线的归并优化，从群众的角度看，可以从原来的"打多个号码"变为"打一个号码"，解决问题、反映诉求更加方便。二是面向政府提高公共服务效能。从政府的角度看，热线整合可以进一步强化整体政府、服务型政府的改革理念，体现"一个窗口"服务，有效解决热线分散、服务质量难以保障等问题，既能保障投诉建议处理得公正公开透明，提高服务效率，又有助于节约政务服务资源，减少财政支出。因此，从公共服务"需求"和"供给"两方面而言，政府热线的整合不仅仅是号码的统一，更是公共服务管理制度、技术手段和供需模式的变革。

第五节　网络渠道的崛起与新时代的挑战

随着互联网的普及，人们表达需求和信息传播的方式发生了天翻地覆的变化，特别是移动智能终端的大量使用，使人们的日常生活更加便捷高效。各级政府部门新增加了门户网站、政府微信、政府微博等多种渠道与群众进行沟通交流，使群众可以更加便捷地表达需求。特别是年轻群体更习惯于通过网络表达观点以及利用政务服务 App 获得与自己生活工作相关的信息。从需求侧来看，互联网的普及提高了人们对公共服务获得性的要求，群众期望公共服务的供给能够更加快速有效。从供给侧来看，传统公共服务的供给规模难以在短时间内大幅提高，并且传统公共服务供给中手续烦琐、程序复杂、效率低下等问题在高效的互联网时代更加突出，进一步加剧了公共服务的供需矛盾。因此，政府政策层面试图从公共服务的需求侧出发采取有效措施，加快数字化智能化转型，从而弥补供给侧的不足和短板，突破时间和空间的限制，促进公共服务向服务资源共享化、理念透明化、方式智能化、办事流程简单化、服务供给高效化等方向发展。

"互联网+"战略在此背景上应运而生，政府依托互联网开展政务服务的政策更加清晰，为政府热线的改革和发展创造了新的历史机遇。2015 年，在党的十二届全国人大三次会议政府工作报告中"互联网+"行动计划被正式提出。2016 年，国务院印发了《关于加快推进"互联网+政务服务"工作的指导意见》（国发〔2016〕55号），提出面向公民服务领域进行简政放权、放管结合、优化服务，努力构建服务型政府，推进国家治理体系现代化，同时对加快推进"互联网+政务服务"工作作出总体部署，指出要利用新一代的信息通信技术，改革政务服务模式，升级政务服务水平，依托大数据、云计算等技术将各政府部门松散的服务进行整合，提升公共服务效率，优化服务体验，打造高效便利、公开透明的政务服务体系，为政府热线发展指明了改革方向。[1]随后出台的《"互联网+政务服务"技术体系建设指南》（国办函〔2016〕108号）进一步对互联网背景下的政务服务热线提出细化要求，要通过信息化手段加强政民互动渠道整合，推动政务服务热线与互联网政务服务门户和政务服务管理平台集成，实现"一号对外、诉求汇总、分类处置、统一协调、各方联动、限时办理"，服务范围覆盖政府政务服务和公共服务领域。[2]在中央政策的指导下，各地政府热线逐渐强化线上诉求受理和服务，依托移动互联网的高效便捷为群众提供热线服务。

参考案例：东莞"12345"线上办事大厅[3]

东莞"12345"热线结合"数字政府"改革建设，推

---

[1] 刘涵：《益阳市长热线现状及其"互联网+"发展探索》，硕士学位论文，国防科技大学，2018。
[2] 中国政府网：《国务院办公厅关于印发"互联网+政务服务"技术体系建设指南的通知》，http://www.gov.cn/zhengce/content/2017-01/12/content_5159174.htm。
[3] 东莞市人民政府网站：《东莞市举行优化提升"12345"政务服务便民热线新闻发布会》，http://www.dg.gov.cn/zwgk/jdhy/xwfbh/content/post_3647146.html。

动"12345"热线平台与市一体化平台深度融合，选取一批成熟高频的政务服务事项开设"12345"热线线上办理窗口，通过建立多渠道的可视化通信场景，借助人脸识别技术完成身份核验，实现一通电话"刷脸"办事，更加灵活、便利、高效地满足群众的需求。具体包括：一是推动知识融合，打造全市统一的知识库。融合"12345"热线知识库、市一体化平台政务服务事项体系等各渠道政务知识，建立全市统一的政务知识库，实现各部门知识内容统一维护、统一调用、统一评价，保证各渠道发布的政务知识信息一致、同源。二是推动人员融合，整合全市政务服务资源。市民服务中心与"12345"热线联合探索开展政务服务人员培训，统一开发课程、统一培训内容、统一考试上岗，整体提升政务服务队伍的业务能力。三是推动流程融合，实现咨询办理闭环跟踪。推动"12345"热线平台与市一体化平台深度融合，并以"i莞家"为媒介，进一步链接"12345"热线线上咨询和市民服务中心线下办理两大服务过程。群众致电视频座席后，将由热线咨询员通过统一政务知识库进行解答。如群众提出办事需求，对于成熟高频的政务服务事项，由视频座席人员协助群众通过"刷脸认证"把事办成；对于暂不能通过视频座席办理的事项，则借助"i莞家"平台将办事入口、预约信息和材料自检等卡片消息推送给群众，引导其在"i莞家"平台或到就近窗口办理业务。

政府热线要发挥技术带来的强大信息采集、分析和协同优势，改革和完善公共服务供给模式，不断提升公共服务供给效率，为城市治理模式创新、社会和谐稳定贡献积极力量。实践表明，互联网、大数据和人工智能等现代技术的广泛应用正在深刻改变社会治理的理念、模式和过程，健康、教育、安全等公共服务部门越来越多地运用大数据技术提高服务效率和工作透明度，以帮助部门更好履行政府职能。[①]从全国范围来看，目前政府热线的智能化发展还处于探索阶段，即使在最发达的东部地区，政府热线数据的智能应用也仍有较大的提升空间。部分地区热线信息化平台功能整合和基础数据的展现大多仅限于工作流转层面，在大数据的分析研判方面，热线信息平台缺乏标准化的统计和分析模块，数据分析多依赖于人工，导致平台的分析功能体现不出来，既缺乏应用于领导层面进行决策参考的综合数据，也缺乏适用于地方的个性化应用数据。[②]随着国家治理体系与治理能力现代化建设的持续推进，城市治理数字化转型要求热线具有更加高效的响应能力和解决问题的能力。智慧城市建设也正在全面推进政府治理流程再造，形成更加扁平高效、协同响应的多元治理体系，实现精准治理，更好地服务经济社会发展。新时期政府热线的发展要充分借助"互联网＋政务服务"渠道，不断优化热线服务流程，推动热线与相关职能部门和基层单位的流程协同和数据共享，促进社会问题的协同治理，助力政府治理能力迈上新台阶。

---

① Desouza, K. C. and Jacob, B., "Big Data in the Public Sector: Lessons for Practitioners and Scholars," *Administration & Society* (2014): 1-22.
② 李恩文:《全面提升上海市普陀区"12345"市民服务热线工作面临的问题及对策》,《东南大学学报》（哲学社会科学版）2019年第12卷。

四十载春秋，政府热线走过了从无到有、从弱变强的发展历程。如今，政府热线已经成为获取民生诉求的首要渠道，广大群众在我国绝大部分地区拨通"12345"热线，都能及时得到政府的服务和帮助。据北京师范大学政府管理学院服务型政府研究中心调研的结果，由我国省级行政区划单位（不含港澳台）开设的政务热线共有21条，占比67.74%（21/31），由我国地级行政区划单位开设的政务热线共有329条，占比98.80%（329/333），全国地级行政区划单位以上区域（不含港澳台）基本都有政务热线为群众提供服务。[①]在"以人民为中心"理念的指引下，随着党和国家推进服务型政府建设的步伐加快，政府热线将迎来新一轮的发展热潮，不断增强人民群众的获得感、幸福感和安全感，在推进国家治理体系和治理能力现代化的道路上不断书写新的辉煌篇章。

---

① 黄国彬：《政务热线发展卓有成效，助推服务型政府建设》，https://www.gmw.cn/xueshu/2021-07/12/content_34987851.htm。

第二部分

热线观察：多元视角下的政府热线

　　政府热线是党和政府密切联系群众的重要制度安排，是人民群众利益表达、政治参与的重要渠道，也是政府了解社情民意的重要窗口，在治理体系和治理能力现代化中发挥了独特作用。在回溯政府热线四十年发展历程的基础上，我们有必要深入了解什么是政府热线？它在社会治理中发挥了哪些作用？具有哪些显著的社会功能？其产生和发展与技术变迁有哪些关联？本部分将通过对政府热线的社会功能、技术变迁的深入分析，从多元化的视角剖析当代的政府热线。

第四章

理论探索：从概念到功能的解构

> 乐民之乐者，民亦乐其乐；忧民之忧者，民亦忧其忧。乐以天下，忧以天下，然而不王者，未之有也。
>
> ——【战国】孟子

第一节 政府热线的名称演变及概念辨析

政府热线的名称长期以来缺乏统一的规范。目前政府热线常见的名称叫法多达20余种，包括"市民服务热线""政务服务便民热线""政府热线""呼叫中心""政务热线""公共服务热线""政府阳光热线""心连心服务热线""民生服务热线""为民服务热线"等。根据全国"12345"热线名称词云统计分析（见图4-1），"政务服务便民热线"使用范围相对最广，"政府服务热线""市长热线""市民服务热线""便民服务平台"等名称的使用也较为普遍。

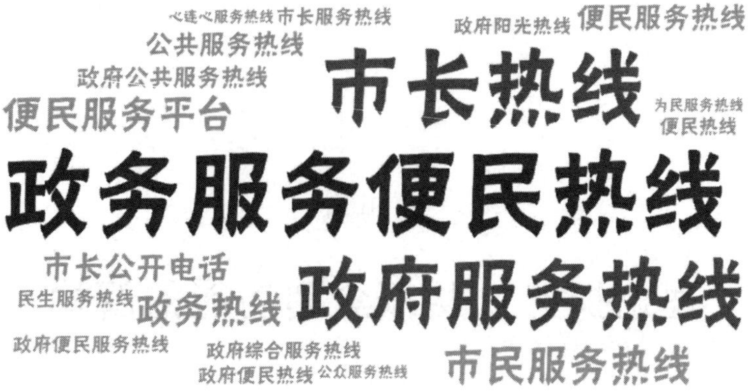

图 4-1　全国"12345"热线名称词云统计图

　　政府热线的概念定义则更为复杂。政府热线的定义可以分为狭义的热线和广义的热线。从字面的狭义表述来看，政府热线专门指电话服务，一般指工作人员以电话接听市民群众诉求的一种制度。广义上，政府热线还包括运用多种通信手段（固定电话、移动电话、互联网）、多种载体（短信、微信、邮件、网站、App 等）接听市民群众诉求的服务。国家标准中采用的名称为"政府热线"，并将其定义为由政府及其职能部门设立的非紧急公共服务呼叫系统（设立的具体形式包括自建、外包、委托、授权等）。[①]各地方对政府热线也有不同的定义，例如《济南市"12345"市民服务热线条例》将政府热线定义为：各地市人民政府设立的由电话"12345"、市长信箱、手机短信、手机客户端、微博、微信等方式组成的专门受理热线

---

① 中华人民共和国国家标准：《政府热线服务分类与代码（Classification and codes of government hotline service）》（GB/T 39666-2020）。

事项的公共服务平台，提供"7×24小时"全天候人工服务。学术研究中对政府热线的定义更是多种多样：有从政府视角突出热线功能描述的，例如葛怀虎认为市长公开电话工作是党和政府各级领导机关的一项面向群众的利民工作，融秘书、办事、参谋咨询、政策宣传、管理、督办为一体，是同群众保持密切联系的渠道[①]；有从群众视角突出民生问题解决和维护社会稳定的，例如王清园认为政府热线是政府部门通过设定统一的电话号码，使广大群众通过拨打这一电话来反映自己关心的实际问题以谋求政府相关部门的及时答复和处理，是一个旨在"替百姓说话、为政府分忧、促进社会和谐稳定"的窗口[②]。部分定义从体制机制出发，突出模式和系统创新，例如姚尚建、梅杰认为政府热线是城市政府秉持服务型政府的价值理念，运用先进的计算机科学通信技术，整合和利用各类行政资源，实行"一号对外、集中受理、分类处置、统一协调、各方联动、限时办理"的工作机制，为市民提供咨询、求助、建言献策、投诉举报等诸多服务的热线系统。[③]

从早期的"市长热线""市长公开电话""市长专线电话"到如今的"服务热线""便民热线""政务热线"，名称更迭的背后意味着政府热线的内涵和定位从最初聚焦于市长接听的电话到如今为民服务平台的转变，显示了我们建设服务型政府的信心和决心。"12345"热线推动了政府

[①] 葛怀虎：《市长公开电话》，安徽人民出版社，2003。
[②] 王清园：《"民生热线"现状分析与发展对策研究——以江西省上饶市市长热线为例》，硕士学位论文，南昌大学，2010。
[③] 姚尚建、梅杰：《城市治理的差序参与——基于"市民服务热线"的分析视角》，《学术界》2018第2期。

热线号码的统一，但热线名称长期不统一的背后，主要还是由于政府热线大多依托于市级政府自设自管，缺乏"自上而下"的统一规范，从名称到机构建设主要还是根据地方领导的观念和意志。2020年《关于进一步优化地方政务服务便民热线的指导意见》（国办发〔2020〕53号）的发布对热线名称的设置起到了一定的规范作用。"政务服务便民热线"的名称表述体现了国家层面对政府热线的新要求，即坚持以人民为中心，加快转变政府职能，提高政务服务水平，畅通政府与企业、群众间的互动渠道，建设人民满意的服务型政府，推进国家治理体系和治理能力现代化，不断增强人民群众的获得感、幸福感、安全感。

第二节 热线功能多样化及其演变历程

为民排忧解难是政府热线最基本的功能。四十年前"市长公开电话"发展之初，政府热线就被视为市民与政府的"连心桥"，是群众向政府寻求帮助的渠道。[①]"人视水见形，视民知治不。"[②] 政府热线的建立体现了典型的民本主义思想，敢于直面问题和解决问题是政府热线制度能够长期存在的重要原因。2000年，新华社报道了长春市市长公开电话为民服务的情况。市长公开电话"12345"是长春市拨打频率最高的电话，开办一年来共为群众办实

[①] 李珮:《联系市长和市民的纽带："54444"》,《瞭望周刊》1987年第44期。
[②] 出自司马迁《史记·殷本纪》，大意是人在水中可以照见自己的样子，在民众中可以看出政治治理的状况。群众的眼睛是雪亮的，群众的表达是对政策好坏的真实反映，群众说好的政策才是真正的好政策。

事10万多件，被市民称为"民情绿色通道"。[1]2007年深圳"12345"热线成立之初，《南方都市报》的一篇文章提出了这样的疑问："一些市民反映虽然拨打咨询电话方便了，但是许多热线人员却不能解决咨询的问题，往往只能提供相关部门的咨询电话。这样的话，'12345'不就是个'114'查号台吗？"[2]如今，深圳"12345"热线凭借高度的责任感和使命感、一流的服务品质和高效的处理流程，赢得了广大市民群众的充分肯定和高度信任，满意度不断提高，获得政务热线类的多个奖项，逐步成为全国政府热线的标杆之一。四十年来政府热线发展的一条重要经验就是，真正把"为群众排忧解难"放在首位，把热线作为政府治理城市、为市民服务的一种最基本、最具社会性的手段。如果热线的发展背离了"为群众排忧解难"的基本功能，热线制度无疑将走向末路。

掌握社情民意、了解民生需求是政府热线的重要延伸功能。广大群众的真实需求是政府制定和调整政策、提供公共服务的重要依据。"需求管理"是现代管理学关注的重要理论和实践问题。从热线的起源来看，早期商业热线呼叫中心的设立就是为了充分掌握客户需求，为企业制订商业计划提供依据。20世纪90年代出现的CRM客户关系管理（Customer Relationship Management）理论认为，通过取得客户的偏好、愿望和需求，制订相应的营销战略、

---

[1] 鲍盛华：《长春市长电话开通一年办实事10万多件》，《新华每日电讯》2000年6月25日。
[2] 南方都市报：《政府接线员多数问题没法答 深圳12345"沦为"114？》，http://www.ctiforum.com/news/2007news/12/news12143.htm。

计划,能够明显提高企业决策和服务的精准度和有效性。[①]

受企业管理理论影响,新公共管理和新公共服务运动强调"顾客导向"和"需求导向",提出要优先考虑公共服务对象的需求,改变公共服务由政府主导、公众只能被动接受的单向供给格局,不断提高服务质量。借鉴企业为客户服务的理念,政府热线将人民群众视为"客户",通过不断改进工作方法提高群众满意度,增加群众的信任感,从而更好地为群众服务。从模式上来说,政府热线与企业服务热线一样,都是以"客户"为中心,注重与"客户"的交流,从而达到提升工作绩效的目的。但两者之间也有根本的区别:企业热线设立的最终目的是在市场竞争中形成相对优势,以获取更多的企业利润;而政府热线作为非营利性的服务主体,其公共属性决定了它在服务群众时必须始终保持原则性、客观性和公正性。政府热线为群众排忧解难,既满足了群众的需求,又可以帮助政府研判民生舆情走向。通过对政府热线数据的分析,政府可以掌握群众关心的重点问题,锁定社会矛盾的集中点,运用更加科学的治理方案化解社会矛盾,大大降低了社会危机爆发的风险。

政府热线汇集社情民意的功能也经历了一个逐步完善的过程。政府热线发展早期,有不少人对纷纷建立的"市长热线"提出质疑,认为除极少数电话属于参政议政、检举、突发事件外,市民们通过电话反映的问题,大多是日常生活中"鸡毛蒜皮"的小事。这些日常小事理应由基层

[①] 杨永恒、王永贵、钟旭东:《客户关系管理的内涵、驱动因素及成长维度》,《南开管理评论》2002年第2期。

管理部门通过正常渠道予以解决，不必"惊动"市长。①这种质疑揭示了在当时的城市治理水平下政府热线在实际运行中存在的客观问题，即如何在为群众排忧解难的同时合理分配政府管理资源、提高政府工作效率。随着"12345"热线的发展壮大，逐渐衍生出的新的社会功能妥善解决了这一问题，即利用政府热线掌握的社情民意辅助政府决策。尽管政府热线接听到的大多是日常生活中"鸡毛蒜皮"的小事，但积少成多，无数"小事"的背后就是城市治理的"大事"。政府热线收集的数据包含了丰富的经济社会热点信息，通过热线数据分析可以快速准确地把握群众关心的热点事件和热点问题，了解企业在运营中面临的困难，辅助政府处理市民和企业的诉求，不仅没有浪费政府资源，还通过更加精准的治理提高了市民的满意度，优化了城市营商环境，进而提高城市治理的效率。

政府热线在辅助公共政策的制定和执行中也发挥着重要作用。政府热线作为广泛听取社会各界意见建议的渠道，能够帮助政府追踪掌握公共政策的执行情况。受经济、社会和文化等多方面因素影响，公共政策的实施往往面临一系列复杂的问题，最终的成效离不开实践的检验。政策执行层面可能出现的变形和偏差，导致政策实施结果与政策目标之间不可避免地存在差距。②在现实的社会经济生活中，政府不同职能部门出于对自身利益的考量，往往只

---

① 徐小、刘卓安、袁光厚等：《设立市长电话之后》，《瞭望周刊》1988年第44期。
② 戴艳军、吴菲：《我国公共政策执行中的失控问题及对策探析》，《行政论坛》2003年第2期。

采取有利于自身的执行方式，即"上有政策，下有对策"，使政策实施难以达到预期的目标，好的政策也可能导致坏的结果。汪海在分析政府热线暴露出的政策执行问题时，列举了附加性执行、替换性执行、选择性执行、象征性执行、敷衍性执行、片面性执行和观潮式执行七类政策执行的典型问题。[1] 通过政府热线发现的问题可以视为对公共政策执行的效果反馈，对政府研判政策制定是否合理、政策执行是否顺利等具有重要参考意义，政府可以及时发现政策执行过程中出现的问题和偏差，从而及时采取补救和完善措施，以便后续政策得以有效执行，提高公共政策的执行力。

政府热线本身在公共政策执行中可以发挥重要协调作用。政府热线不是具体政策的制定者、组织者和执行者，但当政策执行过程中遇到信息沟通不畅、协调不到位等情况导致市民产生诉求时，政府热线的沟通和协调功能则可以发挥积极作用。例如，广州、海口等城市"12345"热线在遇到政策执行中的疑难问题时，各部门除了通过电话联动以外，还可以通过定期协调会、联席会等方式，推动政策执行部门之间、政策执行上下级之间进行协调，从而有效弥补政策执行中存在的职责盲区，促使政策得到更好的执行。此外，政府热线可以通过群众来电掌握政策执行中执行不到位、部门不作为的情况，通过政府热线的督察督办功能及时纠偏，督促职能部门和基层政府单位严格落

---

[1] 汪海：《市长热线作用分析及存在问题对策研究》，硕士学位论文，安徽大学，2007。

实政策，确保政策得到严格全面落实。[①]

参考案例：海口"12345"热线集中联动会商双向联办机制

为加强"12345"热线联动保障，海口实施"联动会商""退改签流转"流程处置机制。对涉及多个单位的办件，依职责派发相关单位，分别跟踪督办。对涉及部门执法监察交叉的办件，依据业务指导、专项执法、属地管理原则，集中指挥调动，相关职能部门形成工作合力，同步推进解决。对涉及职能部门职能交叉的办件，严格落实首问负责制，由首问单位通过系统联动、电话、短信、"12345"微联动 App、微信工作群、发文等方式发起联动跟踪办理。

此外，政府热线还可以发挥政策宣传作用，吸引公众参与政策制定和实施。任何公共政策的制定和实施都离不开公众的支持，特别是新政策出台需要积极开展宣传、引导和教育。政府热线作为一个可实时双向沟通的渠道，利用知识库向市民解答政策疑问的过程，本质上也是政策宣讲的过程。政府热线通过耐心细致的答疑，可以及时掌握市民对政策的态度，在发现群众对政策产生误解或抵触情绪时，主动进行解释和疏导，提高群众对政策的认知，从而降低政策执行难度，提高公共政策的执行力。在咨询过程中还可以记录群众对政策的意见和建议，让广大群众参

[①] 赵娟、王烨、张小劲：《公众诉求与回应性监管：基于政务热线大数据的社会性监管创新——对三类社会性监管领域的比较分析》，《电子政务》2021 年第 2 期。

与到政策制定和执行过程中来,提高群众参与公共管理的自觉性,形成"双向互动"的良性格局。

第三节 流程再造和服务型政府建设

热线的运作模式源于市场化的企业服务,政府热线也常常被视为服务型政府的重要标识。20世纪70年代以来,"新公共管理"成为探索服务型政府建设的重要理论热点,部分学者提出通过"企业家精神"重塑政府,最大程度满足公共服务对象需求,为公民提供高品质的公共产品和服务。戴维·奥斯本(David Osborne)和特德·盖布勒(Ted Gaebler)认为政府改革的最终目标就是将政府改造成为拥有"企业家精神"的政府,具体包括十个方面:一是起催化作用的政府,政府负责掌舵而不是划桨;二是竞争性政府,把竞争机制注入到提供服务中去;三是社区拥有的政府,政府将社会服务和部分管理权限下放给社会的基本单元;四是讲究效果的政府,按效果而不是按投入拨款;五是有使命感的政府,以目标为导向推动制度的改革创新;六是有事业心的政府,构建良性收益的财政体系并减少浪费;七是受公众驱使的政府,不断满足公众的需要;八是以市场为导向的政府,通过市场力量进行变革;九是有预见的政府,提前预防社会问题而不只是事后补救;十是分权的政府,面向基层赋权赋能,提升政府协作能力。[①] 20世纪80年代,全球掀起了政府再造(Reinventing

---

① 戴维·奥斯本、特德·盖布勒:《改革政府:企业家精神如何改革着公共部门》,周敦仁等译,上海译文出版社,2006。

Government）风潮，主张以社会公众的需求为核心，对政府部门原有的组织机构、服务流程进行重组，形成政府组织内部决策、执行、监督的有机联系和互动，以适应政府部门外部环境的变化，谋求组织绩效的显著提高，使公共服务更能获得社会公众的认可和满意。[①] 政府再造体现了以公共需求为导向的核心理念。传统的行政组织流程围绕"职能"与"计划"展开，对公众的诉求缺乏了解和回应。而流程再造就是要变"职能导向"为"需求导向"，以最大限度地满足公众的需求为核心，在了解公众需求的基础上，从成本、质量、服务和速度等方面改善工作业绩，以提升公众对公共服务品质的满意度，提高政府部门的公信力，实现政府流程再造的价值追求。

政府热线是顺应政府转型趋势的结果，在服务型政府建设中扮演重要角色。在新公共管理理论和政府再造风潮的影响下，发达国家政府热线关注为公众提供服务，聚焦如何建立有效的公众信息平台，并对政府部门的服务进行客观评估分析，促进政府履职。[②] 以美国"311"热线为例，热线首先是市民服务系统，扮演着"市民问题解答机"和"民情打探者"的角色，在为市民提供各类咨询服务的同时，也通过对市民反映的问题的分析与反馈来提高政府的服务水平。我国学者在 21 世纪前后提出"服务型政府"的概念，是面对新的国际和国内环境、对新的政府管

[①] 姜晓萍：《政府流程再造的基础理论与现实意义》，《中国行政管理》2006 年第 5 期。
[②] 王尉玲：《"市长热线"问题与对策研究——以哈市为例》，硕士学位论文，黑龙江大学，2015。

理模式进行的一次大胆探索。[①]所谓"服务型政府",就是以实现公共利益、解决公共问题为目标,以表达和体现公众意志为根本,以廉洁高效、诚信守责、公正透明为基本施政理念,行为规范、运转协调地有效回应社会,满足公众对公共产品和公共服务需求的政府管理模式。[②]建设服务型政府是一个全方位、深层次的系统工程,不是对传统政府模式的修修补补,更是一场全新的"革命",将重新调整政府、公民与社会之间的关系。[③]在建设服务型政府语境下,各地纷纷构建了热线网络体系,打造以政府为主导、各类社会主体参与的为民办事的"绿色通道",并突出"以人为本""执政为民"的服务理念,更加注重体察社情民意,收集各类社会信息来辅助政府决策和提升管理水平,从而向广大市民提供优质高效的公共服务。从各地的实践情况来看,政府热线网络以其独特的信息传递平台优势,在服务型政府体系建设中发挥了积极的社会作用。[④]由此可见,建设服务型政府就要创新行政管理体制,把政府的公共服务职能上升为政府的核心职能,通过优化政府结构、创新政府机制、规范政府行为、提高政府绩效等方

[①] 张康之:《把握服务型政府研究的理论方向》,《人民论坛》2006年第5期。
[②] 巩建华:《服务型政府的思想基础、内涵特征和建设对策》,《行政论坛》2009年第16卷第1期。
[③] 彭向刚、程波辉:《服务型政府绩效评估问题研究述论》,《行政论坛》2012年第19卷第1期。
[④] 郝磊:《服务型政府视角下的济南市民热线建设研究》,硕士学位论文,山东大学,2011。

式,不断满足人民群众日益增长的公共需求。[1]

在服务型政府建设的框架下,政府热线应该成为随时满足群众服务需求的"前台"。服务型政府的更高层级是"一站式政府",在与公民、企业和第三部门的关系中,"一站式政府"是永不下班的"服务者",承担着接收并回应公民服务需求的责任,是公民需求导向下服务职能增强的政府,寻求的是成为一个让公民满意的"好政府",而不是社会自治的"小政府"。[2] M. Wimmer 和 E.Tambouris 认为"一站式政府"的特点就是能够使用多种传输渠道,包括通过办事机构、呼叫中心、互联网、移动设备、卫星电视等进行服务访问,网上"一站式政府"允许公民全天24小时都可以便利地获得电子化的公共服务。[3] 在"一站式政府"构建中,政府热线实现了让政府始终不离开群众视野,成为群众随时随地能够找到的"服务者"。

第四节 矛盾纠纷化解和社会安全阀机制

减少社会矛盾、维护社会稳定是经济社会发展的基础。社会稳定的条件是各种矛盾相互协调适应,保持量变在适度范围内。理想的社会发展应该是连续渐进的稳定状

---

[1] 薄贵利:《构建服务型政府绩效管理体制》,《中国行政管理》2012年第10期。
[2] 刘红波:《一站式政府的概念解析与角色定位》,《电子政务》2012年第8期。
[3] M. Wimmer and E. Tambouris, *Online One-stop Government: A Working Fremework and Requirement,* (Paper Presented at the Proceedings of the IFIP World Computer Congress, Montreal. August, 2020), pp. 26-30.

态，要求在整个过程中保持社会结构的协调和稳定。[①] 在社会变革中，矛盾和冲突的产生具有客观必然性和普遍性。在经济社会的不断发展和变迁过程中，不同人群和利益主体之间不可避免地存在各种矛盾。伴随我国经济高速发展和社会转型产生的诸般问题都会激化社会矛盾，加上历史遗留问题，缓解社会矛盾、维护社会稳定历来是政府所重视的重大课题。社会矛盾并不可怕，很多时候矛盾本身也是推动社会发展的重要力量。具有"超稳定性"特征的社会往往缺乏活力，并不一定是健康的社会形态。社会应当是一个整合了吸引与排斥、协调与冲突、爱与恨的具有生命力的统一体，矛盾的演化推动社会变革和发展。齐美尔（G. Simmel）认为社会的冲突与协调是相辅相成的，虽然冲突给群体带来痛苦，但相互间的冲突又把他们连结在社会网络中，有助于加强已有的联系并建立新的社会关系。[②] 但当矛盾与敌意不断积累并冲破临界值时，将会导致群体性的社会冲突，打破社会的平衡和稳定，甚至引起骚动和社会结构的解体。

防范社会矛盾和冲突持续积累引发的社会危机需要缓冲机制。社会学领域将这种缓冲机制称为"安全阀机制"，社会学家借用防止容器爆炸的"安全阀"来进行类比，即某种经常性的制度能够成为人们发泄不满情绪的通道，避免灾难性冲突的发生，这就是"社会安全阀"。在社会矛盾没有爆发并产生激烈冲突时，社会通常处于一种动态平

[①] 邓伟志：《变革社会中的政治稳定》，上海人民出版社，1997。
[②] 苑国华：《简论齐美尔的社会冲突思想及其现实意义》，《陕西理工学院学报》（社会科学版）2011年第29卷第1期。

衡的状态，社会矛盾能够在个人和群体的情绪表达中得以窥见。R. G. 达伦多夫（R. G. Dahrendorf）认为社会冲突虽然无法彻底消除，但如同锅炉里的压力一样可以通过制度化的调节手段，即社会安全阀（Social Safety Valve）机制进行排解和疏导，进而维护社会的稳定。[①] 因此，为了防范由社会矛盾引发的社会危机，需要承认社会冲突是客观存在的，并建立合理的表达机制和互动途径，通过特定的社会机制引导矛盾主体之间进行对话，并推动矛盾在规范化、法律化、制度化的框架内解决。刘易斯·科塞（Lewis Coser）在齐美尔"安全阀"思想和霍华德·舒尔茨（H.Schurtz）"排气孔"思想的基础上完善了社会安全阀理论[②]，将社会安全阀制度定义为当社会结构处于封闭、僵化与转型中时，将敌对情绪指向替代目标或为这种转移提供手段的制度。正如锅炉上的安全阀通过及时排放过量的水蒸气以保护设备和人身安全一样，社会安全阀制度可以为群体或个人提供发泄消极情绪、转移目标的合法渠道和平台，在"爆发—沉寂—爆发"的模式下合理疏导负能量，控制矛盾爆发的范围和路径，实现可控可操作，避免造成更大破坏。[③] 如果社会中缺乏有效的安全阀机制，社会矛盾和负面情绪将无法及时得到释放，容易导致更大范围的社会冲突，从而破坏社会关系和社会稳定。

政府热线是当今社会重要的安全阀机制。特别是我国

---

① 徐昕:《达伦多夫的社会冲突理论浅析》，《山西师大学报》(社会科学版)2013年第40卷。
② 宋林飞:《西方社会学理论》，南京大学出版社，2000。
③ 钟运金:《社会安全阀理论视域下Z区公安信访维稳问题研究》，硕士学位论文，华南理工大学，2019。

正处于开启全面建设主义现代化国家的新阶段,经济社会转型升级带来了更加复杂的社会问题,社会心理紧张、失衡以及社会矛盾不断增多的风险始终存在,进一步完善以政府热线为代表的社会安全阀机制意义重大。社会安全阀理论倡导建立一种释放敌对情绪、防止积怨深化的社会机制[1],这种机制可以是设立特定机构或通过其他形式,使处于矛盾冲突中的个体或群体可以表达自己的诉求和情绪,进而使社会中潜在的矛盾和冲突显性化,减少矛盾和冲突带来的社会危害[2]。政府热线作为群众发泄不满、表达意愿及政府畅通民意、疏导矛盾的主要渠道,通过精准解决、舆情分析、情感宣泄等方式及时缓解社会矛盾、维护社会稳定,避免社会关系的破裂。[3] 赵定东认为,在社会转型时期,市民个体心态冲击比过去大,更需要有情感交流、诉说委屈、发泄情绪、提出建议的正式渠道,市长公开电话的功能就在于用不公开威胁群体团结和社会稳定的方式松弛因内部冲突和对抗产生的紧张,消除群体或社会的不满情绪,以不危害社会制度的合法意见表达来消除矛盾和冲突,维持社会的良好秩序。[4] 与信访、调解、司法审判等机制相比,政府热线是更加快捷便利的沟通渠道,也因

---

[1] 孔德静:《科塞的"安全阀"理论对建设社会主义和谐社会的作用》,《湖北行政学院学报》2007年第2期。
[2] 刘波:《社会安全阀理论视域下的中国农村信访工作研究》,硕士学位论文,广西大学,2013。
[3] 邵燕:《畅通诉求表达渠道 构建社会新安全阀——基于江阴市"12345"公共服务热线的个案研究》,《中共合肥市委党校学报》2015年第3期。
[4] 赵定东:《整合中的社会沟通与"安全阀"的社会效用——C市"市长公开电话"的运作及功能》,硕士学位论文,吉林大学,2004。

此成为市民在面对矛盾冲突时首选的沟通方式，进而成为缓解社会矛盾和冲突过程中更加"前置"的社会安全阀机制。

政府热线在化解社会矛盾、防范社会危机方面发挥着多重作用，主要体现在三个方面。

一是通过信息归集实现社会矛盾的显性化。政府热线通过电话、移动客户端、网站等途径引导群众以合理合法、便捷有效的方式表达合理诉求，在将群众的各类诉求进行记录、分配和解决的同时，也让政府和相关主体听到了不同群体的声音。通过对市民反映的诉求和解决的程序、效果、回应、测评等进行电子化记载，可以相对准确地识别不同群体的利益诉求，更好地掌握社会矛盾和冲突的形式、范围、强度，为化解社会矛盾提供了基础。

二是通过倾听民声安抚群众情绪。政府热线在实际运作中扮演着聆听者、调解员、知心人、宣讲员等多个角色。社会快速发展导致人们生活节奏加快，生活期望目标也不断提高；快速的变化导致社会压力逐渐增大，一些群体的消极情绪也日益累积，给社会的和谐稳定带来不利影响。政府热线的建立，为部分群体负面情绪的宣泄与疏导提供了平台，通过热线反映不满，并得到相关部门的回应与解决，能够有效化解他们郁结在心的消极情绪，避免社会冲突的发生和扩大。[①] 在实践中，"12345"热线的语音记录数据中包含反映情绪的信息，浙江嘉兴等地借此尝试利用

---

① 邵燕：《畅通诉求表达渠道 构建社会新安全阀——基于江阴市"12345"公共服务热线的个案研究》，《中共合肥市委党校学报》2015年第3期。

"情绪指数"来衡量和把握社会情绪，开启了通过政府热线研究社会心理的全新领域。"情绪指数"在投资等经济领域已有广泛的应用，但在社会领域的研究和应用还相对较少，未来政府热线数据在社会心理和社会治理研究方面有广阔的应用前景。

参考案例：浙江嘉兴"12345"热线来电人"情绪指数"的采集和应用[①]

"情绪指数"是用来衡量情绪波动状况的综合指数，通过建立社会情绪指标体系，关注来电人情绪在消极与积极区间内的相对值，判断出其对来电诉求的渴望程度，这对分析社会稳定状况具有参考价值。浙江嘉兴"12345"热线将来电人"情绪指数"分为平稳型、激动型、失控型三种，采集录入系统并纳入大数据，且在每张来电记录单上将其设为必选项，这样采集的数据全面而完整。在处理应对上分为一般关注、重点关注、特别关注，为综合了解、全局把握来电诉求及判定处理方式提供决策参考。

三是通过数据分析研判预防更大的系统性风险。现代化的政府热线以数字化平台为基础，利用人工智能、大数据等手段建立社情民意分析系统，采用网络爬虫等技术，对收集和整理的非紧急援助事项中的历史数据进行纵向对比，对民生诉求进行排名，绘制热点诉求的区域分布热力图，反复对比高频诉求词汇，多维度发现民生诉求深度规

---

① 钱姬霞：《大数据｜这些人的来电情绪被采集了》，https://page.om.qq.com/page/OzwvF0vVWvZplj75iDkrMGvQ0。

律,敏锐、准确地抓取群众诉求中周期性、趋势性、倾向性和苗头性变化,对热点问题和突发事件进行舆情分析和实时预警。通过政府热线这种深度分析机制,可以系统研判社会情绪、洞察重大危机、识别潜在风险,从而避免社会冲突的爆发,全面提高政府的危机应对能力。

第五节　群众互动参与和社会治理现代化

政府热线通常被认为是一种群众参与社会治理的制度化渠道,社会治理也成为研究政府热线的重要视角。治理理论是国际社会科学领域重要的跨学科理论,是在社会科学领域广泛运用、有广泛影响的理论视角。尽管"治理"同"管理"只有一字之差,但内涵却大不相同,"治理"包含着权力配置、行为方式的深刻转变。"治理"一词最早源于古典拉丁语和古希腊语中的"掌舵",意为控制、引导和操纵的行动或方式,主要用于与国家公共事务相关的宪法或法律的执行问题,或指管理利害关系不同的多种特定机构或行业。[①]"治理"在中国也有悠久的历史,在漫长的历史中积累了大量"治理"的智慧和经验。1989年,世界银行在《撒哈拉以南非洲:从危机到可持续增长》中首次提出了现代意义上的"治理"概念。[②]1992年,联合国成立全球治理委员会,并创办了《全球治理》杂志,对

[①] 娄成武、董鹏:《西方治理理论缘起与发展探析——基于美国公共行政学的视角》,《中共青岛市委党校青岛行政学院学报》2014年第4期。

[②] 世界银行:《撒哈拉以南非洲:从危机到可持续增长》,1989。

"治理"进行了定义：治理是公共机构和私人机构管理其公共事务的多种方式的总和，是一个通过协调彼此冲突或各不相同的利益进而采取合作行动的连续过程，它既包括迫使人们服从的各种正式制度和规则，也包括人民和机构同意的符合其利益的各种非正式制度安排。[1]随着全球化时代的来临，人类社会政治生活的重心逐渐从统治转向治理，从民族国家的政府统治走向区域和全球治理，治理问题引起了国际学术界的广泛关注。

近年来，治理理论被大量应用到对政府热线的研究中。吴国玖等认为政府治理能力是构成一个国家或地区竞争力的核心和主导因素，对于地方和基层政府而言，责任、法治、回应和高效是体现其治理能力的核心要素。政府热线构建了"一个号码找政府"的公共治理机制，成为畅通民意、提升政府治理能力的有力杠杆。[2]石晋昕和杨宏山认为政府热线是促进跨部门合作，提升城市治理的整体回应能力的重要途径。[3]马超等认为公众参与不足是城市基层治理陷入困境的重要原因，引导基层群众参与公共治理有助于破解传统基层治理困境，政府热线让公众以"哨源"、"考核者"和"回应对象"三重角色参与到社会治理的过

---

[1] P. Hirst．"Democracy and Governance," in F. Pierre, eds., *Debating Governance: Authority, Steering, and Democracy* (Oxford: Oxford University Press, 2000), p.13-35.

[2] 吴国玖等：《政务热线：提升城市政府治理能力的有力杠杆——以南京市"12345"政府公共服务平台为例》，《现代城市研究》2014年第7期。

[3] 石晋昕、杨宏山：《整体政府视角的城市治理创新——以市政热线整合为例》，《北京电子科技学院学报》2017年第25卷第1期。

程之中,为政府和市民构建了制度化的连接和沟通渠道。[①]张欣亮和王雯提出了包含灵活适用、快速回应、多元参与、小步增量、多重目标平衡等理念的"敏捷治理"概念,认为政府热线通过快速响应、结果导向、推动多元主体参与、重视信息技术应用、强化基层赋权增能,推动基层敏捷治理,以适应超大城市对基层治理的要求。[②]

治理理论强调社会多元主体共同参与治理活动,主张公众与政府的协同治理[③],政府热线可以在其中发挥关键作用。鼓励群众参与社会治理就要求政府构建制度化的沟通渠道,为公众提供参与平台,鼓励公众表达诉求,通过协商对话实现利益分享与多元共治。[④]作为群众参与社会治理的起点,政府热线在完善社会治理体系中发挥了重要的连接作用。政府热线为公众参与社会治理提供了制度化的合法参与渠道和平台,激发了公众参与社会治理的积极性与热情,使之成为"吹哨人",通过政府热线促进公众与政府间的有效对话也使公众与政府的协同治理成为可能。政府热线反映出的各类问题很大程度上依赖于广大群众的主动发现和上报,通过这种行为,群众能够自觉主动地参与到社会治理之中,这正是政府热线的价值所在。同时,

---

① 马超等:《基于政务热线的基层治理新模式——以北京市"接诉即办"改革为例》,《北京行政学院学报》2020年第5期。
② 张欣亮、王雯:《政务热线改革驱动下超大城市基层敏捷治理研究——以北京市"12345"政务热线为例》,《领导科学》2021年第16期。
③ Peters, B. G. and Pierre, J., "Governance Without Government? Rethinking Public Administration," *Journal of Public Administration Research and Theory*, 8.2(1998),: 223-243.
④ 何增科:《国家和社会的协同治理——以地方政府创新为视角》,《经济社会体制比较》2013年第5期。

政府热线的建设吸引了更多主体联合协作，形成了更加广泛的社会参与，这样就打破了原本相对封闭和分散的社会管理模式。民众诉求往往不是单一孤立的问题，而是系统弊病，需要多部门协同合作。[1]热线平台负责记录、汇总、分析民众诉求并向各主管单位派单，一改往常由公共部门自领任务的方式，各部门处于被动接单的位置，同时由于办单效率、满意度等成为部门考核的指标，受考核的压力及激励效应的影响，官僚主义和扯皮推诿等弊病不断被克服，跨部门间协调合作得到广泛推崇。政府热线不再只是民众需求的表达渠道，它愈发成为解决民生问题的统筹者和多元主体合作的推动者，成为政府内部沟通多部门协作、运行的重要工作平台、界面和机制。[2]在这个过程中，政府热线作为政府形象的代表进一步强化了政府的责任和服务意识，客观上有利于政府公共服务水平的提升，丰富了地方治理实践创新的素材，更凭借广泛的社会参与推动了社会治理模式的改革和进化。

参考案例：济南市"12345政协提案线索直通车"

济南市"12345政协提案线索直通车"是建立在济南市"12345"市民服务热线基础上的政协委员与人民群众"零距离"对话的平台，于2013年3月27日正式开通。这一平台的建立进一步拓宽了政协委员了解社情民意的渠

---

[1] 范荣：《"接诉即办"是对城市共治逻辑的生动诠释》，《北京日报》2021年9月29日。
[2] 容志：《"集成式"热线与市民服务整体性响应机制构建》，《中国行政管理》2019年第8期。

道，密切了政协委员与人民群众的沟通和联系，把市民的诉求渠道和政协委员的知情渠道有机结合起来，使政协提案更加贴近社会、贴近群众、贴近实际，更加准确地反映民意、汇集民智。市民提出的具有建设性的意见和建议被作为提案线索或提案选题，及时通报给市全体政协委员，供委员们撰写提案时参考。对政协委员采纳市民建议形成的提案，市政协提案委员会会同市政府督查室（热线办），适时组织政协委员并邀请市民代表对相关部门的办理和落实情况进行联合督办，共同推动问题的解决。这种将政协提案与政府热线相结合的工作方式在全国属首创，也是济南市政协拓宽政协委员了解社情民意渠道的又一创新。[①]

从理论到政策，治理体系和治理能力现代化的要求逐渐提高，政府热线也被赋予更多期待。由于传统的层级制模式有着很大的缺陷，特别体现为以政府为单一主体、以纵向命令控制为特征的层级体制在处理公共问题时能力不足，从依靠权力的统治转换为依靠网络的治理被更加广泛地接受，而且无论从理论还是实践来看，治理正在成为政策科学的主流。[②]由于治理强调多元治理主体的共同参与，并侧重自主治理，在早期中国的环境中，治理无法为党和政府发挥领导或主导作用留下空间。因此，治理理论在最初被介绍到我国时，学者们对于治理理论在中国的适用性

---

① 王海涛、蔡凤：《联系群众 履职为民 济南市政协开通"12345"提案线索直通车》，《联合日报》2013年4月1日。
② Marsh, D., "What is at Stake? A Response to Bevir and Rhodes," *British Journal of Politics and International Relations* 104(2008): 735-739.

表现出不同的态度甚至是质疑。而随着经济社会的快速发展，中国的现代化进程不断加快，政治、社会和文化等各领域得到全面发展并取得巨大进步，加之新的社会问题和社会矛盾不断涌现，使中国具备了适用治理理论的土壤和条件。[1]近十年来，国家层面逐渐认识到社会治理能力是提升国家和地区竞争力的核心要素，关系到人民群众的根本利益，因而不断对政府职能、政府结构、政府与市场关系、政府与社会关系进行一系列的调整和改革，"治理"成为政府部门和国内学术界的热门话题，"国家治理""政府治理""社会治理"等新概念不断涌现。2013年，党的十八届三中全会指出全面深化改革的总目标是完善和发展中国特色社会主义制度，推进国家治理体系和治理能力现代化，并首次提出要创新社会治理体制、改进社会治理方式，这意味着党关于全面深化改革的思维体系、话语体系和制度体系形成了重大的理论创新。与此同时，学界围绕社会治理绩效和评级进行了大量研究，提出了"中国国家治理评价指标体系"[2]"中国社会治理评价指标体系"[3]"政府与社会组织合作治理绩效"[4]等指标和评级方法。2019年，党的十九届四中全会提出"构建基层社会治理新格局"，并将"科技支撑"作为完善新时代社会治理体系、加强和

---

[1] Lobel, O., "Setting the Agenda for New Governance Research," *Social Science Electronic Publishing*, 892(2004): 498-509.

[2] 俞可平：《衡量国家治理体系现代化的基本标准》，《北京日报》2013年12月9日。

[3] "中国社会管理评价体系"课题组、俞可平：《中国社会治理评价指标体系》，《中国治理评论》2012年第2期。

[4] 史传林：《社会治理中的政府与社会组织合作绩效研究》，《广东社会科学》2014年第5期。

创新社会治理的重要要素。因此，为了贯彻党关于加强和创新社会治理的重要部署，更好地为人民服务，政府需要不断提高创新能力，这不仅直接关乎着人民群众的根本利益，也是推进我国政府治理现代化的重要举措。2020年发布的《关于进一步优化地方政务服务便民热线的指导意见》在"指导思想"部分更是直接明确了政府热线在社会治理中的重要价值，推动政府热线发展就是要进一步畅通政府与企业和群众互动的渠道，提高政府政务服务水平，建设人民满意的服务型政府，推进国家治理体系和治理能力现代化。

第五章
技术变迁：热线技术变革与时代挑战

> 明智的政府服务是了解其城市的状况，并能够有效地与市民互动，该功能的核心组成部分是使用通信和协作技术来管理城市的运作，并在决策过程的各个阶段使用数据和科学分析手段，以提升经济和城市生活的品质。
>
> ——南泰佑、特里萨·帕尔多[1]

技术、人员和业务流程被视为热线的三大核心构成要素[2]，其中技术是推动热线不断升级的基础性因素。随着技术的逐步升级，政府热线的信息处理能力得到逐步提升，

---

[1] Nam, T.and Pardo, T. A.,"The Changing Face of a City Government: A Case Study of Philly311," *Government Information Quarterly*,31jun. suppl(2014): S1-S9.
[2] Kavanagh, S. C.,"An Introduction to CRM," in Kavanagh S. C. ed., *Revolutionizing Constituent Relationships: The Promise of CRM Systems for the Public Sector*. (Chicago: Government Finance Officers Association, 2007), p. 9-19.

政府可以更容易地掌握和跟踪市民诉求的办理进展,并在更短的时间内掌握诉求的详细信息及特征,在此基础上逐步拓展热线的延伸功能。

第一节　传播技术变革和政府热线兴起

热线的产生离不开电话这个最基础的伟大发明。任何社会参与都需要特定的媒介,政府热线就是连接政府和市民的媒介和渠道,是重要的市民表达机制。斐迪南·滕尼斯认为,社会产生于众多的个人思想和行为有计划地协调,个人预计共同实现的特定目的对自己有益,从而聚集在一起共同行动,社会就是一系列有目的行动的联合体。[①]在政府热线产生之前,类似的诉求表达方式局限于"意见箱"和"来信来访",而电话作为更加便捷的通信工具介入群众诉求表达,不仅带来诉求信息传播效率的提高,更是衍生出复杂的社会功能和社会影响。在对政府热线的研究中,人们往往聚焦于制度,而忽略了这种制度所基于的传播技术本身。技术对人类社会的结构、组织方式和生活样态起着决定性的作用,历史上无数次的重大变革也首先源于重大技术的发明。在电话被发明之前,人类社会传播信息的主要方式还是口口相传的语言及记录信息的文字。电报的出现使信息传播的速度大幅提高,但由于其高昂的成本,未能充分普及,更没有机会对社会组织关系形成结构性的影响。1861年,贝尔(Alexander Graham Bell)

[①] 斐迪南·滕尼斯:《共同体与社会》,林荣远译,商务印书馆,1999。

发明了电话①，这对信息传播领域而言是一场重大的变革，尽管其在之前的漫长时间里默默无闻。进入20世纪，电话不再是少数人的奢侈品，而是逐步变成人类社会的基本工具，其用途也从商业领域走进普通家庭。与传统的信件交换以及单向传播的通信手段相比，电话提供了一种"即时交往"（Immediate Interaction）的体验，能够在某种程度上代替面对面的交往，开始了以媒介交往来取代象征性的社会化。②电话凭借即时的点对点声音服务逐渐拓展出新的应用，计算机的出现及其带来的数据传输更进一步拓展了电话网络的新用途：电话会议、电话调查、银行电话转账、股票交易乃至获取天气预报、电话咨询、电话祈祷，等等，横跨个人通讯和大众传播两大范畴。就电话咨询而言，点对点的个人咨询还仅仅属于为个体提供便利的通讯范畴，而有组织的电话服务以及专业话务人员队伍的存在，使热线具有了某种程度的媒介性质。电话作为咨询服务的渠道具有广泛的应用空间，戴维·莱斯特梳理了电话咨询的12种应用③，包括预防自杀、危机干预、青少年热线、老年服务、为有特殊需要和特殊问题的个人提供服

---

① 关于电话的发明者有不同的观点，有人认为是美籍意大利人安东尼奥·梅乌奇，是他发现了振动变为电流可以传递声音的物理现象，并把自己发明的第一个电话接在工作室与卧病在床的妻子间。广泛的说法是亚历山大·格雷厄姆·贝尔发明了电话，其在1876年申请了电话的发明专利。但申请专利当天，格雷（Elisha Gray）也申请了电话专利权。

② Katz, E., Haas, H. and Gurevitch, M., "On the Use of Mass Media for Important Things," *American Sociological Review* 38.April (1973): 164-181.

③ 伊锡尔·德·索拉·普尔：《电话的社会影响》，邓天颖译，中国人民大学出版社，2008页。

务、普通服务（主要包括各种生活中的问题）等。如今，政府热线能够提供更加丰富的应用场景，服务对象从个人拓展到企业和社会组织，服务内容也覆盖了城市经济社会生活的方方面面，把电话技术的潜力发挥到了极致。

随着政府热线的不断发展，以电话为主要渠道的独特性开始显现，与其他表达方式相比，通过电话表达诉求具有六方面特性：第一个特性是"空间性"。电话打破了咨询者和被咨询者之间的障碍，允许远距离联系，但同样可以使双方感受到除语言之外的额外信息。空间性能够使诉求人在保持一定距离的情况下更有安全感。第二个特性是"匿名性"。政府热线是面对公众的，诉求人具有一定程度的匿名性，大多数城市的政府热线也只能准确记录诉求人的来电号码。根据一般的社会学观察，匿名性能够鼓励人们进一步表露自己的情感和真实想法，人们与陌生人匿名交流比和熟人交流更加容易。第三个特性是"便利性"。服务供需双方可以随时联系，不会受到时间和条件的限制。C.P. 迪亚斯（C. P. Dias）和 J. A. 拉斐尔（J. A. Rafael）认为"一站式"政府应该能够提供全天候服务，公民、企业和其他服务对象能够全天 24 小时通过单一入口获得一体化的公共服务，即使这些服务是由不同部门或机构来提供的。[1] 政府热线能够承担"一站式"服务的入口功能，目前国内大多数城市的政府热线均能够提供多渠道的全天候 24 小时服务，老人、儿童、体弱多病的患者都可以最

---

[1] Dias, C. P. and Rafael, J. A., "A Simple Model and a Distributed Architecture for Realizing One-stop E-government," *Electronic Commerce Research and Applications*., 6.1(2007): 81-90.

方便地获得热线服务，即使是残障人士也可以通过信函、网站、App等其他辅助渠道获得帮助。第四个特性是"单一性"。电话只支持声音这一种信息交流方式，从而给予了诉求人更大的想象空间。对于普通市民而言，政府热线代表着党和政府以及相应的职能部门，"单一性"的特性使诉求人无须看到具象的话务接听人员，从而在一定程度上保持了对热线作为政府形象的想象。第五个特性是"机械性"。诉求人接触和使用的是固定的、毫无情感的物体，对于部分诉求人而言，特别是一些"社交恐惧者"而言，电话的"机械性"使其诉求的体验更加顺畅。第六个特性是"双重性"。除少部分诉求涉及"三方通话"以外，政府热线中大多数谈话都局限在诉求人和话务员两个人之间进行。与面对面接触政府部门办事人员的复杂情形相比，电话沟通的"双重性"更加典型。

经过近四十年的发展，政府热线早就已经突破电话这个单一渠道，逐步形成了电话、短信、信函、App、网站、微博、微信等多渠道受理格局。比较各受理渠道的特征，当前政府热线受理有以下三方面特征：第一，电话渠道凭借便捷性、普适性和交互性特点，仍牢牢占据主要诉求渠道地位。拨打热线电话的方式适用人群最广泛，无论男女老少均可以方便快捷地使用，人工接听的方式能满足大多数市民对互动性的要求。市民通过电话能够直接表达情感、进行咨询，减少文字表达不足造成的误解，且能更真切地感受到热线的服务质量，是目前政府热线最主要的受理渠道。第二，随着移动互联网用户群体规模的扩大，网络渠道受理占比逐年增加。随着移动互联网的普及和各类互联网应用的开发，以及网民群体规模的持续扩大，通过微信、微博、App等网络渠道表达诉求的群体也逐年增加。与电话渠道相比，网络渠道不仅可以用文字表达，还可以上传图片、音频、视频、定位等各类与诉求相关的辅助信息，使诉求表达更精准。诉求者还可实时查询、追踪诉求进展情况，且能在线进行满意度评价。此外，网络渠道还大幅减少了市民呼叫排队等候时间，可在诉求高峰时段减少排队等待时间。但相比电话渠道，网络渠道缺少人与人的直接互动，无法获取市民的情绪等信息。第三，大数据和人工智能技术吸引越来越多的城市政府热线使用智能交互机器人技术。在大数据和人工智能时代，更多城市在探索使用智能语音技术。对于政府热线运营单位而言，智能交互机器人能够依托知识库信息为市民提供信息快速查询服务，并能够依据知识库信息快速回复部分咨询。此外，智能交互机器人的应用可大幅减轻话务人员工作负担，节约人力成本。但与人工电话呼叫相比，大多数智能交互机器人技术尚不成熟，目前仍难以应对复杂的诉求情形，当市民带着情绪向热线寻求帮助时，不成熟的智能服务往往容易让诉求人反感，导致诉求人原有的负面情绪被进一步激化，不利于问题的解决。

表 5-1 当前政府热线不同诉求渠道的特征比较

渠道名称	渠道占比	人群覆盖	主要优点	主要不足
电话	高	所有人群	使用方便快捷，互动性较强	高峰时段排队等候时间长、呼入难

续表

渠道名称	渠道占比	人群覆盖	主要优点	主要不足
微信	中	微信用户	不用额外安装应用，使用便捷，方便上传图片、视频等辅助资料	互动性相对不足
App	中	侧重中青年群体	功能相对全面，方便上传图片、视频等辅助资料	需要安装相应软件，互动性相对不足
微博	低	微博用户	可多方互动，使用方便快捷，方便上传图片、视频等辅助资料	渠道占比低，部分城市未开通
门户网站	低	侧重中青年群体	功能相对全面，可辅助浏览其他热线相关信息	渠道占比低，部分城市未开通
短信	低	极少数群体使用	不用额外安装应用，方便快捷	信息表达仅限文字，渠道占比极低
信函	低	侧重老年群体	方便习惯书信沟通的群体使用	延迟性高，互动性弱，渠道占比极低
视频	低	可面向残障群体	互动性极强，使用便捷，可满足残障群体诉求需要	需要额外增加技术支持，开通该功能的城市不多
邮件	低	侧重学者、白领等有使用习惯的人群	方便习惯用邮件沟通的群体使用	渠道占比极低，部分城市已取消该渠道
智能交互机器人	中	所有人群	方便快捷，智能化程度高，可大幅降低人工成本	相比人工接听，互动性差，容易引起诉求人不满

第二节　政府热线技术发展的历程与变迁

政府热线平台是一个综合性的运营管理体系，其发展离不开技术的支持。其作为为市民提供服务、促进企业发展的高效城市管理机构，对当今的服务型政府建设至关重要。政府热线的顺利运行需要接收市民诉求，记录市民需求信息，并通过贯穿政府各相关部门的体系来进行派单、办理、跟踪、回复、回访、监督等一系列程序，确保市民所反映的问题、求助和建议能够顺利流转。在过去的近四十年里，政府热线技术大体经历了四个发展阶段。

第一阶段是基于传统模拟电话网络的阶段。20世纪80年代，市长公开热线大多采用普通电话，在那个大多数人还不知道信息技术为何物的年代里，热线能够依靠的就是一两部电话机，通常一部交办、一部接听。由于技术较为落后，市民诉求信息完全靠几个工作人员轮流进行手工记录和摘抄，后续的派单、办理、回访等诸多环节大多以纸函的形式流转，简陋的工作机构和烦琐的解决形式导致了工作效率低、周转时间长、文件管理难的问题，常常出现这边群众不断催促，而承办单位还不知道有什么事情的尴尬局面。[1]

第二阶段是基于计算机电话集成和互联网技术的阶段。计算机电话集成技术（Computer Telephony Integration，简称CTI）随着计算机和通信技术的发展产生，能够自动对

---

[1] 王尉玲:《"市长热线"问题与对策研究——以哈市为例》，硕士学位论文，黑龙江大学，2015。

电话信息进行识别处理[1],通过建立话路连接向用户传输预定的录音文件、转接来电等。CTI 技术在 20 世纪 90 年代开始应用,在处理传统电话语音的基础上逐步向 VoIP[2]、短信、传真、邮件、图像等其他信息媒体延伸。随着"12345"热线的发展,不少城市开始应用 CTI 技术,将传统的电话呼叫和因特网整合为一体,形成接入业务更加多样化的因特网呼叫中心,以提升政府热线的话务受理能力。[3]以合肥为例,2000 年建立合肥市长热线电话之初,热线采用人工受理、手工记录的方式,从最初只有一部电话和一台电脑拓展到三条模拟中继线、六部电话,但仍难以满足群众需求,市长热线"难打"现象非常突出。2004 年 5 月,合肥建设了"12345 市长热线电话自动化办公系统",集语音、通信、计算机网络、数据库技术于一体,结合人工服务、自动语音查询、信息资料处理,为群众提供全天候 24 小时服务,初步实现了诉求的自动受理和办理。在未增加人员、未调整机构的情况下,新系统大幅提高了热线的工作效率,系统开通当年受话量较上年增加了 84%,2005 年和 2006 年仍以年均 20% 的速度增加。[4]计算机电话集成技术的应用大幅提高了政府热线对市民诉求的受理能力,成为后来政府热线扩容和整合的重要技术基

---

[1] 王晓晖:《CTI 技术与系统开发》,《中国计算机用户》1997 年第 1 期。
[2] 基于 IP 的语音传输(Voice over Internet Protocol,简称 VoIP)是一种语音通话技术,经由网际协议(IP)来达成语音通话与多媒体会议,即经由互联网来进行通信。
[3] 罗万杰:《CTI 技术及典型应用》,《中国人民公安大学学报》(自然科学版)2003 年第 3 期。
[4] 汪海:《市长热线作用分析及存在问题对策研究》,硕士学位论文,安徽大学,2007。

础。这一时期，技术的升级提高了热线的服务能力，畅通了群众的诉求渠道，加上相关新闻媒体的宣传报道以及热线解决群众诉求的有效案例，政府热线逐渐成为群众获取信息、寻求问题解决的主要渠道，拥有了更加广泛而持久的生命力和影响力。

第三阶段是地理信息技术、数字城市技术融合提升阶段。随着"数字城市"的不断发展，政府热线结合地理信息技术、遥感技术和定位技术不断拓展热线功能。以杭州"数字城管"为典型代表，其利用先进的无线通信技术、空间信息技术、行业实体库技术等现代信息技术手段，初步实现了城市管理的数字化、网络化和可视化，不断提高城市信息化水平和数字资源共享水平。[1] 政府热线系统在此基础上不断探索技术迭代和功能延展，以苏州为例，2008年苏州市政府热线就提出了建设结合WEB、CTI和数据库技术的"12345"政府热线平台（见图5-1），以综合业务系统（语音接入和业务处理）、地理信息系统（城市设施数据和城市活动数据的相关功能）、车辆定位系统（装有GPS的车辆的相关功能）、网站、数据共享与交换平台等为主要业务架构，可以根据群众和社会公众提供的线索获取突发事件的位置，以提升应急管理能力；利用GPS定位实现对城市环卫道路洒水车、垃圾车、公交车辆等的管理和调度；利用GIS技术为市民提供公交站点查询、线路查询、换乘查询等生活服务。在这一阶段，政府热线凭借移动互联网和大量空间相关技术，不仅建成了功

---

[1] 杨戌标总主编、何荣坤主编《数字化城市管理信息系统基本原理》，浙江大学出版社，2006。

能更强大的热线管理平台，更大幅拓展了政府热线的外部功能，为城市精细化管理、优化营商环境、民生数据的跨部门共享、辅助政府决策等提供了技术支撑。

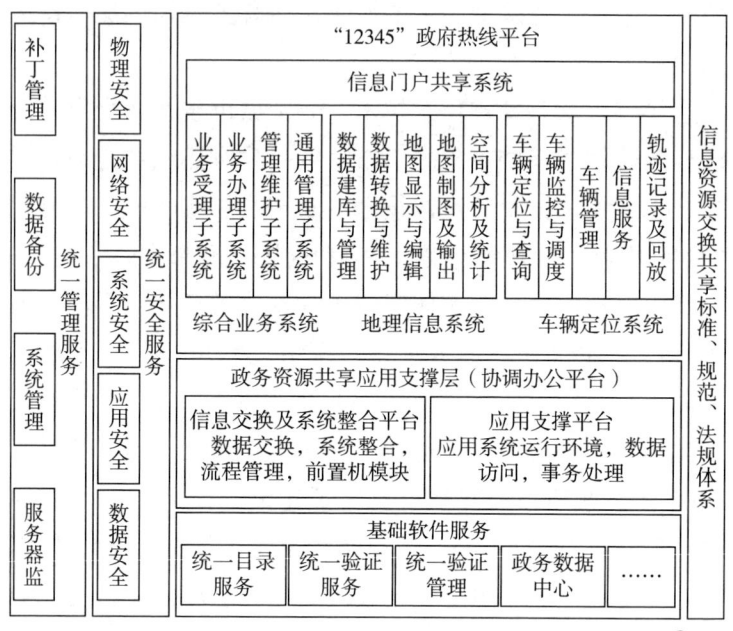

图 5-1　2008 年苏州"12345"热线平台设计业务架构图[①]

第四阶段是依托大数据和人工智能技术的智能化阶段。大数据和人工智能技术发展为政府热线功能延展创造了新的契机。在大数据时代，政府热线具有更强的信息汇集能力，为打破政府之间的数字壁垒提供了技术基础，可以将分散的部门信息和资源进行互联和共享，为市民提供

---

① 周旭东：《苏州"12345"政府热线平台的原型设计与实现》，硕士学位论文，解放军信息工程大学，2008。

更加便捷的信息服务，也为政府提供更精准的社情民意。随着政府热线的推广应用和集成整合，热线受理数据大幅增加，通过对热线数据的采集、转换和融合处理，汇聚热线数据、网格数据、信访数据等多渠道群众诉求。一线城市和人口集中的省会城市的政府热线年诉求量往往达到千万量级，对这些海量的民生诉求数据的处理和应用给热线技术支持体系提出了更高的要求。以南京"12345"热线可视化平台为例，通过空间分析、关联分析、群体画像等复杂分析手段，政府热线可以将个人和企业所反映的诉求形成智能化的分析报告，将趋势性、苗头性等重要社情民意及时报送，为经济发展和社会治理提供更加科学的支撑。

第三节 政府热线数据利用面临的主要挑战

在新技术的不断迭代和加持下，我国数字政府建设已进入全面提速阶段，政府热线数据在社会治理中发挥着越来越重要的作用。政府热线作为社会治理的"连接者"，在社会治理中发挥作用需要各方的通力合作，将新技术与政务场景深度融合，才能打造出便捷、高效、智慧的城市运行"一网统管"总客服。作为政民互动的桥梁，政府热线成为广泛连接群众需求和政府职能部门的"枢纽"，然而对热线数据的分析利用具有高度复杂性，在实践中还面临诸多挑战。

一是政府热线数据科学分类的挑战。政府热线数据涉及领域极其广泛，热线每天24小时通过电话、微信、App、邮件等多个渠道收集市民诉求，包括教育、医疗、就业、住房、保险、交通等经济社会的各个领域，涉及群众日常生活的方方面面，如何将这些数据进行科学分类是政府热线数据利用面临的首要挑战。国家层面建设政府热线的总体目标就是要"接得更快、分得更准、办得更实"，打造便捷、高效、规范、智慧的政务服务"总客服"。[①] 其中对热线数据的要求就是"分得更准"，只有快速甄别群众诉求的类型和领域，才能准确派发给有关部门，推动群众诉求办理，也只有准确对群众诉求进行科学分类，才能准确研判民生问题的演变趋势和规律，为政府决策提供准确依据。

二是海量历史数据分析利用的挑战。政府热线经过近四十年的发展，从最初的简单投诉逐步发展成为集咨询、建议、投诉、求助、表扬等类型于一体的综合性热线。政府热线的历史数据量极大，特别是年诉求量达到千万级的特大城市的政府热线，历史工单累计甚至达到亿级，如此海量的民生诉求数据蕴含着丰富的民生信息。这些历史数据可以用于分析经济社会发展中存在的重大问题和共性问题，研判重大民生问题的演变趋势以及不同民生问题之间的关联规律，通过可视化的数据分析为政府决策提供重要参考，大幅提高政府在民生领域的决策判断能力和城市公共服务水平。

三是打破热线"数据孤岛"的挑战。从国内"12345"热线现状来看，大多数政府热线数据没有与委办单位打通，部门间存在壁垒，信息无法实时共享与更新。城市各职能

[①] 见《国务院办公厅关于进一步优化地方政务服务便民热线的指导意见》（国办发〔2020〕53号）总体要求的第二点"工作目标"。

部门信息管理系统主要建立在部门内部和系统内部，业务流程割裂，客观上形成了"信息孤岛"。由于缺乏统一的标准体系支撑，各部门采集的数据格式不统一、标准不一致，部门数据与热线数据之间的共享存在困难。以政府热线知识库为例，热线知识库覆盖门类多、专业性极强，无论是社保、公积金，还是工商、税务，单独依靠政府热线都很难全面掌握[1]，不同部门在对接热线知识库方面普遍存在内容标准不统一、更新时效不及时等问题。由于政府数据资源的相关管理规则尚不明确，政府数据的归集、整合、清洗、比对在短时间内还难以实现。2021年12月17日，我国住房和城乡建设部发布了《城市运行管理服务平台数据标准》（CJ/T545-2021），明确了城市基础数据、运行数据、管理数据、服务数据、综合评价数据的采集规范，其中包括"12345"热线平台的公众诉求数据。该标准的推出有利于打破部门间数据壁垒，构建"横向到边、纵向到底"的城市运行管理服务工作体系，推动城市管理手段、管理模式、管理理念创新，提升城市运行效率和风险防控水平，提高城市科学化、精细化、智能化管理水平，促进城市治理体系和治理能力现代化，推动城市高质量发展。

四是诉求信息即时深度挖掘的挑战。政府热线采集到的不仅是大量的市民诉求数据，还包含后续工单派发、流转、办理、反馈和评价等多环节数据，其中市民诉求数据又包括时间、地点、事件、分类等多维度信息和大量描述

---

[1] 郑跃平、梁灿鑫、连雨璐等：《地方政府部门数字化转型的现状与问题——基于城市层面政务热线的实证研究》，《电子政务》2021年第2期。

诉求的文本信息。此外，随着政府部门的机构调整，市民诉求涉及的部门也是多种多样，往往一件诉求涉及多个职能部门，需要多部门联动才能推动问题的解决，传统结构化的数据库难以高效记录这些信息。在技术层面，传统的 SQL[①] 数据库分析只能针对少量结构化数据进行统计分析，更缺乏文本分析能力，往往难以全面满足政府热线这样数据量大、关联性强、类型复杂、实时性要求高、文本挖掘难的分析需求。目前，不少城市的政府热线数据分析还停留在表面的系统查询加人工分析的方式，检索效率低下，人工查询速度慢，在数据激增、信息爆炸的时代已经无法满足政府热线作为反映市民诉求"晴雨表"的高标准要求[②]，特别是难以做到从海量数据中及时和准确地抓取政府关心的热点社会问题中民情和舆情的走向，第一时间掌握群众最关心、最紧迫、最重要的问题，更难以为政府管理部门的积极处置和领导决策提供数据支撑。

第四节 新时期推动政府热线水平提升的重点技术

技术是一把"双刃剑"，热线技术的进步既可能带来

[①] SQL 是结构化查询语言（Structured Query Language）的简称，是一种数据库查询和程序设计语言，用于存取数据以及查询、更新和管理关系数据库系统，最早于 1974 年由 Boyce 和 Chamberlin 提出，1980 年 10 月，经美国国家标准局（ANSI）的数据库委员会 X3H2 批准，将 SQL 作为关系数据库语言的美国标准，此后不久，国际标准化组织（ISO）也将其作为纳入标准。

[②] 李天：《面向"12345"大数据分析系统设计与实现》，硕士学位论文，山东大学，2019。

效率和质量的提升,也可能给社会管理造成新的负担。近年来,各类社会治理技术应用中功能重复、强制打卡、故障频发等现象客观上增加了基层干部群众负担,"指尖上的形式主义"成为困扰基层的突出问题,"数据孤岛"、隐私安全和"大数据杀熟"等问题也逐渐浮出水面。政府热线技术的发展同样需要明确方向,聚焦重点领域、重点技术,不能为了创新而创新,要将大数据、人工智能技术与政府热线的业务实践紧密结合,切实提升诉求办理效率和群众满意度。新时期,政府热线的技术创新可以重点聚焦以下五大方面。

一是鼓励市民参与、提升服务体验的客户关系管理技术。市民参与是热线发展的基础,通过技术提升市民服务体验是政府热线相关技术发展的重要方向。在美国"311"热线的技术支持体系中,针对客户关系管理(CRM)的软件是核心之一,"311"系统经常与"311/CRM"互换使用[1],用于追踪当地政府和市民间的互动情况,并帮助政府有效地管理数据和信息[2]。通过"311"热线 CRM 软件的优化,市民可以更加方便和直观地跟进问题处理的进展[3]。近年来,"12345"热线也加强了相关技术应用,例如南京

---

[1] Fleming, B. C., "Customer Service and 311/CRM Technology in Local Governments: Lessons on Connecting with Citizens," *Washington, DC: International City/Council Management Association,* (2008).

[2] Reddick, C. G.and Turner, M., "Channel Choice and Public Service Delivery in Canada: Comparing E-government to Traditional Service Delivery," *Government Information Quarterly* 29.1(2012): 1-11.

[3] Chen, I.J.and Popovich, K., "Understanding Customer Relationship Management (CRM): People, Process and Technology," *Business Process Management Journal* 9.5(2003): 672-688.

"12345"热线微信受理渠道就开通了诉求跟踪功能，市民关注微信公众号"南京市12345政务热线"后就可以在线提交诉求，实时查询办件进度与结果。

二是推动数据共享、提升部门协作效率的标准化技术。政府热线的成功运营离不开职能部门和基层单位的支持，要建设更加高效和具有价值的政府热线，应当通过技术手段与相关部门进行充分的整合与协作。特别是在政府热线整合服务的背景下，创建通用的技术基础和服务架构、推动跨部门协作成为重要的趋势和要求。[1]政府热线的共享与协作既要求保障政府数据库的隐私和信息传输、存储的安全，服务架构也要具有开放标准和可交互操作的信息系统。[2]这个数据分享和协作的技术框架要能够把政府热线中对应领域的诉求数据分享给职能部门，并从职能部门获取诉求反馈及相关辅助数据，提升政府热线自身的数据分析能力。近些年，国内不少城市政府热线在这方面已经开始进行尝试，例如南京"12345"热线早在2018年就制定了《南京"12345"在线服务平台数据交换标准》，以规范政府热线与相关职能部门的数据对接，对热线数据结构、代码项、对

---

[1] 《关于进一步优化地方政务服务便民热线的指导意见》（国办发〔2020〕53号）中对强化"12345"热线平台与部门业务系统互联互通和信息共享有明确规定，推动"12345"热线与各类线上线下政务服务平台、政府网站联动融合，并提出要建立统一的"12345"热线信息共享规则，加快推进各级"12345"热线平台与部门业务系统互联互通和信息共享，向同级有关部门实时推送受理信息、工单记录、回访评价等所需的全量数据，加强研判分析，为部门履行职责、事中事后监管、解决普遍性诉求、科学决策提供数据支撑。

[2] Flumian, M., Coe, A. and Kernaghan, K., "Transforming Service to Canadians: The Service Canada Model," *International Review of Administrative Sciences* 73.4(2007): 557-568.

接方式（包括内容、范围和频率）进行了详细规定。

三是提升民生问题表达的数据可视化技术。数据可视化技术伴随着计算机技术而发展，可以追溯到20世纪50年代的计算机图形学，人们利用计算机制作出各种精致的图形图表。1987年，美国国家科学基金会（NSF）在《科学计算中的视觉化》中首次把可视化作为一种组织性的次领域提出，认为该技术能够处理大量科学数据集，从而提高科学家们从数据中发现现象和规律的能力。[1]在政府热线的实践中，将政府热线数据与适当的图形进行融合的数据可视化技术，确实可以更好地帮助政府了解群众诉求的特征和蕴藏其中的规律。[2]

四是实现问题深度分析的数据挖掘技术。通过数据挖掘深入剖析热线诉求中的经济社会问题，是提高热线辅助决策能力的重要抓手。近年来，围绕热线数据挖掘和分析的技术不断涌现。例如，薛彬等设计了针对热线文本的热点挖掘系统，包括文本预处理、文本智能分类、民生热点挖掘等功能模块。[3]李天在设计面向"12345"热线的大数据分析系统研究中，提出应该将关系型数据库与大数据挖掘的优点结合起来，借助地图功能和文本挖掘的聚类功能对热点词、敏感词进行深度分析和可视化，由此研判出

---

[1] 史国举：《数据可视化技术在大数据分析领域的应用及发展研究》，《无线互联科技》2021年第18卷。
[2] 孟天广、黄种滨、张小劲：《政务热线驱动的超大城市社会治理创新——以北京市"接诉即办"改革为例》，《公共管理学报》2021年第2期。
[3] 薛彬等：《针对民生热线文本的热点挖掘系统设计》，《中国计量大学学报》2017年第28卷第3期。

市民关心的民生问题，更好地为政府决策提供参考和数据支持。①应用大数据分析技术建立民生诉求事件处理模型，通过文本挖掘、空间分析、聚类分析等技术应用，可以实现对热点民生问题和敏感问题的区域研判，形成对热点、难点、堵点、乱点问题的智能预警预判，为政府部门科学决策提供数字化支撑。

五是优化政府热线内部效率的过程技术。随着政府热线的整合壮大，热线的运营和管理难度大幅提升，不仅诉求受理数量大幅攀升，内部管理难度也急剧增大，因此通过技术升级提高政府热线运营效率至关重要。政府热线的过程管理技术应用有两大重点方向：一是提高热线运行效率。技术运用的目的在于优化流程、提高效率，减轻热线话务人员的压力，精准的智能分类、智能分派等技术有利于协助热线工作人员对工单进行处置。二是提高热线诉求的办理质量。将智能化与顶层设计相结合，从制度层面建立相应的数据规则、运营机制和考核体系。国内不少城市"12345"热线推出了工单全流程监管机制，明确了事项响应时限和办理时限要求，如设置三色预警功能，按照红、绿、黄不同颜色标识工单处理情况，督促各部门按进度办理，将办理进度有异常的事项通过App、短信、平台推送给主管领导，通过挂号督办等方式提高群众诉求办理质量。

---

① 李天：《面向"12345"大数据分析系统设计与实现》，硕士学位论文，山东大学，2019。

第六章

经验借鉴：全球政府热线的发展与创新

回应意味着政府对民众对于政策变革的接纳和对民众要求作出的反应，并采取积极措施解决问题，是公共管理责任的基本理念之一，是政府对公众所提要求作出超一般反应的行为。

——格罗弗·斯塔林（Grover Starling）[①]

第一节 21世纪前后政府热线的发展热潮

热线的起源最早可以追溯到20世纪30年代，也被称为"客户服务中心"，最初是把用户的呼叫转移到应答台，为客户提供专业服务。到20世纪50年代，呼叫中心的信

[①] 这是美国公共管理学者格罗弗·斯塔林（Grover Starling）在《公共部门管理》一书中的表述，斯塔林指出政府回应的关键不仅在于政府要对民众的诉求作出反应，政府更应采取积极有效的措施来解决这个问题。

息互动模式更加成熟，开始在商业领域广泛应用。1956年，美国泛美航空公司成立了全球首家规模化的呼叫中心，利用新兴通信手段开展咨询投诉、售后服务、宣传推广等商业活动，热线正式成为重要的商业信息互动模式。到20世纪80年代，呼叫中心模式在欧美等发达国家的电信、航空、商业银行等领域得到了广泛的应用，并逐渐延伸到政府服务。

20世纪90年代，政府热线的发展迎来高峰。1996年，美国马里兰州巴尔的摩市（Baltimore）首次上线运营"311"热线系统，与中国"12345"热线的诞生仅相差3年时间。1997年，澳大利亚联邦政府依据《1997联邦服务递送机构法案》成立"Centrelink"，在当时被认为是服务递送领域五十年来最大的一次改革。[1]1999年，新加坡政府也出现电子整合趋势，将政府机构所有能以电子方式提供的服务全面整合，以高度集成化的方式轻松便捷地提供给新加坡市民。新加坡"E-citizen Center"提供"文化、娱乐与运动""防务与安全""教育、学习与工作""家庭与社区发展""健康与环境""住房""交通与出游"等不同类别的服务，基本覆盖了市民日常生活的方方面面。[2] 2001年，中国香港特区政府效率促进组成立"1823"热线电话[3]，发

---

[1] Howard, J.，"Transcript of the Prime Minister, the Hon. John Howard MP, address at the official launch of Centrelink (Commonwealth Services Delivery Agency)." 2007. http://pandora.nla.gov.au/pan/10052/20040221-0000/www.pm.gov.au/news/speeches/1997/centlink.html.

[2] 秦逸：《新加坡政府网站"一站式"服务"电子公民"》，《信息系统工程》2011年第8期。

[3] "1823"四个数字的含义是："1"个号码，"8"尽政府服务，"2"4小时全天候服务，"3"种语言为市民解疑难。

展至今 20 余年，由最初只有 5 个与环境卫生相关的部门处理查询和投诉，转变成今日有 23 个参与部门的服务查询热线，并负责接收对政府所有决策或部门的投诉、建议和赞赏。[①]2005 年，中国台北"1999"热线逐步实现整合运营，将过去台北市政府所有总机号码、语音查询专线等，如 27208889、27208898、27598889、27598898 以及 22 条 0800 免费业务专线进行了全面整合[②]，新"1999"热线委托企业界专业客服中心承办，提供 24 小时全年无休的市民服务。从 20 世纪 90 年代到 21 世纪初期，政府热线在全球范围内纷纷涌现，成为综合性政府热线发展的"黄金时期"（见表 6-1）。

表 6-1 全球有影响力的综合性政府热线／服务平台汇总

热线名称	所在国家／地区	成立时间	主要特色
"311"热线	美国、加拿大	1996 年	全球最早的综合性政府热线之一，以纽约"311"热线为标杆，提供 170 多种语言服务，专业性高，较早开始探索热线数据可视化，数据开放共享，是全球具有重要影响力的热线
"12345"热线	中国大陆	1999 年	全世界服务人口最多的政府热线，起步时间早，代表政府形象，坚持为群众排忧解难，近年来在新技术应用、渠道多元化、服务专业化方面快速提升

---

① 参见香港特别行政区 1823 热线网站 https://www.1823.gov.hk/sc。
② "1999"热线设立之前，台北市政府依据不同业务设有多支 0800 电话，然而由于号码繁多，民众无法熟知各机关的电话，电话使用效率受到质疑。

续表

热线名称	所在国家/地区	成立时间	主要特色
DWP公共事业呼叫中心	英国	1992年	以绿色工作环境为亮点,注重热线员工的选拔、培训,讲究"知识库入脑",提供高质量的话务服务,员工关系管理独具特色
"115"热线	德国	2011年	制度建设上颇具特色,以标准化运作、体系化支撑为特点,接听效率高,注重热线与外部的合作协同
"1823"热线	中国香港	2001年	成立较早的综合性城市热线,联动部门多,接听速度快,较早探索热线文本挖掘,注重热线知识库建设以及热线员工关怀和激励
Centrelink	澳大利亚	1997年	较早提供电话、网络、书信等多渠道服务,突出客户导向,提供"人生事件模型"服务,能够根据定期的客户调查改进热线服务
E-citizen center	新加坡	1999年	以网站服务平台为主体,作为一站式政府前台,不仅是诉求服务平台,还集成了全方位的政府服务
"1999"热线	中国台湾	2005年	以台北"1999"热线为标识,提供多语言服务,较早探索为残障人士提供手语视频服务,体现热线的人文关怀

总的来说,发达国家政府热线发展的历史相对更长,20世纪90年代在发达国家产生的政府热线,更准确地说是热线多年发展后的规范与整合。以美国"311"热线为

例，当时每个城市拥有数十个咨询热线以联通对应的政府机构，它们的职能不同、服务时间不同，有些号码知名度较低，为了记住这些号码，市民需要在电话簿上写满整整十几页。当遇到问题需要求助政府部门时，市民也没有耐心去逐一查阅电话黄页，无论事情紧急与否都会拨打"911"紧急热线。本该处理紧急事件的"911"热线因大量非紧急事件占用了大量座席和话务资源，紧急情况下"911"热线反而呼叫不畅，这也成为后来驱动美国政府热线改革的重要原因。改革后，"311"热线在美国各个城市中广泛、迅速地传播，芝加哥、纽约和迈阿密等地区也相继成功运行"311"热线。为了使城市运行更加高效、透明，美国各城市开始重视"311"热线所发挥的作用，市民通过统一的通道快速方便地访问非紧急市政服务和信息，有效地整合了市政服务资源，"311"热线也因此成为便捷的市民服务方式之一[①]，同时也是发达国家政府热线中的突出代表。

由于各国国情和文化的差异，不是所有国家都致力于发展综合性政府服务热线，而是转用其他方式为市民提供政府服务，主要包括两大类型：一是利用专业热线提供服务。例如，韩国除匪警报警电话"112"和火警救护电话"119"之外，还有气象信息电话"131"、旅游信息电话"134"、供电服务电话"123"、外国人综合服务电话"1345"，等等。二是利用电子政务平台提供服务。互联网普及更早的发达国家，也更早将网络作为市民服务的

---

① Gann D M, Dodgson M, Bhardwaj D. "Physical-Digital Integration in City Infrastructure," *IBM Journal of Research and Development* 55.1.2(2011): 8.

前端和入口，形式上即表现为政府服务平台，如澳大利亚"Centrelink"和新加坡"E-citizen center"。

大多数国家和地区政府热线的发展都经历了从野蛮生长到整合规范的过程，以美国"311"热线为例，其早期也包括了众多服务热线和监督电话，由于繁杂的服务号码不便于市民记忆，同时咨询热线的分散和管理的分割导致各部门对外服务的形式和内容完全由各部门自己解释和决定，缺乏统一的要求和标准，造成热线利用率低、满意度差，极大地降低了热线的有效性[1]，因此综合性平台仍是政府热线发展的主要方向。

第二节　特色政府热线建设的实践与探索

随着服务型政府建设步伐的不断加速和信息化技术的迅猛发展，我国政府热线作为社会管理和公共服务的重要窗口与有机组成，其发展需要不断吸收全球各地政府热线的经验。在数十年的发展历程中，全球各地政府热线建设中有诸多良好做法和先进经验值得学习借鉴。

一、热线与城市治理：美国"311"热线的实践。"311"热线起源于20世纪90年代的美国，长期以来是各国政府热线参考学习的重要案例。"311"市民服务系统以城市为单元，每个城市所建设的"311"系统基本可以联动所有的政府管理相关部门，为市民提供各类政府信息和

---

[1] 洪棋新:《美国城市"311"市民服务系统的建设经验》，《信息化建设》2006年第5期。

咨询服务，市民也可以通过"311"系统向政府反映意见、提出建议、投诉控告等。美国"311"热线的特色较多，包括发展理念、运作流程、技术创新等多个方面，其中热线数据应用令人印象深刻。美国约有 300 个地区建立了"311"热线中心①，负责回答食品安全、停车收费、下水道维修等五花八门的数千项服务问题。在纽约"311"热线的实践中，市民可以通过平台高效地编辑和提交自己的问题，提高了市民对城市建设和政府政策的关注和热情。政府也能对收集到的投诉进行宏观分析，纽约"311"热线每天都会收到成千上万条来自各个渠道的投诉和咨询，每一条记录都会被保存，并标注在地图上供进一步分析。例如，在纽约各社区的投诉可视化分析中，热线将社区过去一年内投诉最多的类型进行标记，用颜色深浅代表投诉数量的多少，使城市问题直观地呈现出来。信息技术部门将数据进行匿名处理后在政府数据公共平台上整理发布，并且向市议会报告每月统计数据。这些数据不仅能让政府有针对性地解决市民提出的问题，还能帮助政府区分政策的优先顺序，为城市治理提供重要依据。

此外，"311"热线在推动政府部门的绩效管理工作中也发挥了重要作用。例如，美国费城"311"热线就数据反映的民生热点问题，定期组织市长、常务董事、相关副市长以及来自各部门和机构的代表在 PhillyStat 会议上进行讨论，以便及时跟踪和监控各部门的绩效情况。巴尔的

---

① Nam T, Pardo T A. "Understanding Municipal Service Integration: An Exploratory Study of 311 Contact Centers," *The Journal of Urban Technology* 21.1(2014b): 55-76.

摩等地区政府引入城市数据（CitiStat）系统，基于各个市政部门响应民意并解决问题的表现予以奖惩。政府将响应民意作为重要目标，并围绕目标的达成程度来跟踪和评估政府部门绩效，大大提高了政府响应民意的能力。[①] 对政府的绩效管理和项目评估很大程度上依赖于"311"热线数据，热线数据库既可以作为数据管理器和流程管理器，也可以作为直接的问题解决者，这种类型的数据驱动管理极大提升了政府作为公共管理者的能力。

二、热线与服务标准化：德国"115"热线的实践。德国于2011年4月正式在全国300个城市开通政府服务热线，被称为"115"项目。德国"115"热线主要为市民提供信息咨询、投诉服务、线下服务预约三种服务。[②] 市民不仅可以通过拨打"115"热线进行咨询/投诉，还可以登录柏林门户网站或在柏林 Service App 上提出诉求，另外，"115"热线还通过第三方社交平台发布相关信息。作为全球服务标准化活动的领军者，德国擅长使用标准化手段提升社会管理和公共服务的质量与效能，从而保障公共服务的均等化水平和整体供给水平。"115"项目工作组把民众诉求的对象分为三类：地方、州和联邦政府。由于80%的问题针对地方，因此这些诉求也将由相应的地方机构负责人回答。而如果民众的问题无法在地方得到解决，电话将被转到州或者联邦服务机构处，由更高级别的政府

[①] 马亮：《中国：政府热线并非"摆设"》，《青年参考》2015年5月27日。

[②] 侯非、柳成洋、曹俐莉等：《国际比对视角下我国政府热线服务的现状、问题与标准化对策》，《西安交通大学学报》（社会科学版）2014年第34卷第6期。

机构来完成"解惑"任务。①

三、热线与"一站式政府"建设：新加坡"电子公民服务中心"（E-citizen Center）和澳大利亚"Centrelink"服务平台的实践。凭借高度集成化的电子服务，"E-citizen Center"是"一站式"政府服务理念的典型代表，连续多年被埃森哲《全球 IT 报告》评为最佳电子政府。②围绕市民"一站式"服务要求，"E-citizen Center"设置有政府与市民在线交流、建议反馈等互动渠道，市民频道里设有专门的反馈意见栏目等。澳大利亚"Centrelink"也是政府通过电子政务平台提供服务的典型代表，是公共事业部（Human Services Portfolio）的六大机构之一，是澳大利亚公民接触最多、最大的政府部门。③"Centrelink"成立以前，社会支持和福利分别由各政府部门直接提供，"Centrelink"成立后则转变为通过"Centrelink"集成提供。服务方式上，"Centrelink"的服务渠道主要包括面对面服务渠道、电话服务渠道、网络在线服务渠道、信件服务渠道四大类型。④其中"Centrelink"的电话服务渠道主要指呼叫中心。"Centrelink"呼叫中心可以向用户提供一

---

① 颜颖颛:《德"115"热线直通所有政府机构》, https://www.bjnews.com.cn/finance/2010/06/13/42262.html。
② 秦逸:《新加坡政府网站"一站式"服务"电子公民"》,《信息系统工程》2011 年第 8 期。
③ 陈云:《电子政务多渠道递送公共服务——对澳大利亚 Centrelink 的案例研究》,《云南行政学院学报》, 2011 年第 13 卷第 1 期。
④ Howard, J., "Transcript of the Prime Minister, the Hon. John Howard MP, Address at the Official Launch of Centrelink (Commonwealth Services Delivery Agency)," 2007,http://pandora.nla.gov.au/pan/10052/20040221-0000/www.pm.gov.au/news/speeches/1997/centlink.html.

系列政府服务，还能向偏远地区居民、土著居民或第一语言为非英语的用户提供服务。①

四、热线与政府效能：香港"1823"政府服务热线的实践。香港政府服务热线在推动政府效能提升方面提供了重要借鉴。"1823"热线由香港"效率促进办公室"管理，覆盖了渔农自然护理署、建筑署、屋宇署、土木工程拓展署、公司注册处、渠务署、机电工程署、食品环境卫生署、发展局绿化园境及树木管理组、路政署、香港房屋委员会及房屋署等23个政府部门。"1823"热线提供24小时一站式服务，为市民提供有关部门的服务查询，并接收市民对所有政府服务的投诉、建议和赞赏。就投诉而言，"1823"热线会记录个案详情并转交给相关部门（或决策局），由相关部门决定如何跟进及回复，而热线则会跟进相关部门的回复进度，并会应个别部门的要求，将部门回复转交给投诉人。"1823"热线能为市民提供24小时的全天候服务有赖其团队建设和同事间的紧密合作与努力。客户服务主任负责每天在前线处理市民的来电及函件，解答市民的问题及接收市民对政府服务的投诉、建议或赞赏。助理客户服务主管为客户服务主任提供完善的培训及指导，使他们能以亲切专业的态度为市民提供准确的政府资讯及将个案准确转交给相关的部门跟进。技术支援主任协助管理及监察"1823"内的不同资讯及通讯科技系统，以便同事更方便快捷地为市民提供服务。行政支援组及业务流程重整组也在"1823"热线的日常运作中担任了不可或

---

① 澳大利亚"Centrelink"网站，http://www.centrelink.gov.au/。

缺的角色，共同促进了市民诉求办理效能的提升。

第三节　我国政府热线制度创新与中国式民主

我国政府热线制度正在成为中国式民主的重要体现。一个制度是不是民主，要看其能不能代表人民的整体利益、人民满意不满意。塞缪尔·亨廷顿（Samuel P. Huntington）说，各国之间最重要的政治分野，不在于治理的形式，而在于治理的程度。2021年9月22日，中国驻美国大使在卡特中心和乔治·布什美中关系基金会联合举办的对话会上的演讲中说道："根据哈佛大学肯尼迪学院连续10年在中国开展的民调，中国民众对共产党执政的满意度每年都保持在90%以上。有些人不理解为什么？答案很长，我来尝试简短回答这个问题。中国东北一个省会城市长春连续22年开通市长热线电话，一年365天、一天24小时从未间断，及时回应解决群众反映的'急难愁盼'问题累计900多万件，市民给予的满意率始终保持在90%以上。这样的热线、这样高的满意度在中国各级地方有很多。如果大家了解了市民对市长热线电话的满意度，还难理解哈佛大学的民调结果吗？"[①]中国大使的演讲向全世界展现了中国政府热线繁荣发展背后的制度自信。政府热线作为解决群众难题、为群众提供便民服务的"总客服"，在建设让人民群众满意的政府中发挥了积极作用，更成为党和政府

[①] 参见秦刚大使在卡特中心和乔治·布什美中关系基金会联合举办的对话会上的演讲，https://www.fmprc.gov.cn/ce/ceus/chn/zmgx/t1908978.htm。

洞察民意、科学决策的"晴雨表"。

政府热线是中国公民参与民主生活的重要渠道。近四十年来，中国的政府热线在倾听民声、改善民生上不断改进提升，全面畅通群众诉求受理渠道，完善群众诉求问题解决机制，提高诉求办理质量。民生无小事，枝叶总关情。群众的满意始终是政府热线衡量政府服务的重要标准，也是"12345，有事找政府"承诺下始终为人民服务的不断追求。政府热线通过政府监督、社会监督和媒体监督等多重监督体系，推动群众关心的难点问题的处理和解决，强化协调跟踪和考核评价机制，尽力抓好每一件群众诉求的办理，在经济社会发展的同时努力为每一位市民提供最公平、最便捷的表达机会，成为广大群众参与民主生活的重要渠道。

政府热线背后是中国广泛真实管用的民主。民主不是摆设，更要管用。对于涉及群众利益的实际问题，人民通过政府热线、信访、领导信箱、网络留言等方式提出意见和诉求，实现了民意的畅通表达，同时群众的问题也能够得到及时的反馈和回应。近年来，全国多地围绕政府热线建立的"街乡吹哨、部门报到""接诉即办""先解决问题再说"等"解民忧"工作体系，形成了听取、分类、交办、反馈、督查的快速高效的工作流程，做到了民有所呼、我有所应，及时高效解决了群众身边的操心事、烦心事、揪心事。政府热线通过"人人起来负责、共同监督"的方式，提高了政府为民服务的水平，维护了人民群众的合法权益。[①]评判一种民主形式好不好，实践最有说服力，人

[①] 中华人民共和国国务院新闻办公室：《中国的民主》，人民出版社，2021。

民最有发言权,归根结底要看能不能让人民过上好日子。全过程人民民主,构建起覆盖960万平方公里土地、14亿多人民、56个民族的民主体系,实现了最广大人民的广泛持续参与。①坚持"以人民为中心"的发展理念,通过政府热线真正做到为群众排忧解难,实现人民幸福,推动国家发展,推动社会进步,实践证明中国的民主道路必将走得更好,成为高质量民主的标杆典范。

---

① 人民日报评论部:《中国民主是广泛真实管用的民主——坚定不移推进全过程人民民主》,《人民日报》,2021年12月22日。

第三部分

探索之路：我国政府热线的实践与创新

　　政府热线的社会功能不仅体现在理论辨析上，更落实在城市治理的实践之中。近年来，各地政府热线在实践中不断创新，在提高城市治理水平、应对重大突发事件、优化城市营商环境、提高社会监督水平、辅助政府决策、社会风险管控等方面取得了一系列创新成果。本部分将筛选政府热线在规划编制、精准治理、危机应对和社会监督方面的具体实践案例，直观剖析政府热线在具体社会运作中发挥的价值和功能。

第七章

保障民生：需求驱动的公共服务供给侧改革

衙斋卧听萧萧竹，疑是民间疾苦声。些小吾曹州县吏，一枝一叶总关情。

——郑板桥

随着政府职能转变加快，党的十八大以来"以人民为中心""保障和服务民生"成为建设小康社会、推进社会主义现代化建设的重要内容，创新公共服务模式、推动公共服务供给侧改革成为党和政府重要的制度安排。政府热线作为连接政府与民众的桥梁，凭借其在公共服务需求识别中的突出优势，日渐成为推动服务型政府建设的重要工具。在公共服务供给侧改革中，强化政府热线建设对落实新发展理念、加快转变政府职能、全面提升社会治理能力具有重要战略意义。

第一节　公共服务需求表达与识别机制

政府热线的运作过程可以看作公共服务的响应过程，是一个连续的、多主体参与的复杂过程，响应机制是市民、政府部门、政府官员等主体在公共服务响应各环节中所形成的互动关系和行为模式。容志认为公共服务响应包括感知、分析、协作、回应和监督五大环节：一是"感知"。其过程是公共部门通过渠道听取市民需求，其中政府热线是主要的获取渠道，"感知"是市民需求表达与需求接收的结合处，也是整个响应过程的起点。二是"分析"。"分析"指公共部门将接收到的需求进行"解码"，辨识需求的具体指向，并归类处置的过程。对于政府热线而言，"分析"的过程要确定群众需求是否应该得到回应，由哪些部门回应等。三是"协作"，指公共部门内部的分工和协作机制，以一定的方式生产和供给公共产品或公共服务，在多部门的大背景下，无论是由具体某个部门来承办，还是由多个部门共同承办，本质上还是"协作"的过程。四是"回应"，指将协作的结果反馈给提出需求的市民，反馈的内容可能是某种公共服务，也可能是不予提供服务的解释。五是"监督"，是对整个响应过程和各个环节的监察和督促，保证响应的及时性、有效性和合规性。[①]

掌握公共需求是推动公共服务改革创新的首要前提。公共服务供给作为现代政府社会治理的重要职能，可以被

[①] 容志：《"集成式"热线与市民服务整体性响应机制构建》，《中国行政管理》2019年第8期。

看作政府为满足社会公共需求而提供产品与服务的总称，具有满足社会公共需求和公民平等享受两个主要特征[1]，包含了公共部门等多元主体为满足国民的公共需求，生产、提供和管理公共产品、准公共产品、特殊私人产品的活动、行为和过程[2]。具体而言，公共服务中的需求侧是民众的生活需要和发展追求，公共服务体系必须确切了解群众在公共服务方面的真实需求，否则公共服务供给就成了"无源之水、无本之木"，公共服务"供给过剩"和"供给不足"的情况就会同时存在，从而限制了公共服务的实际效能。[3] 实际上，有效的公共服务供给体系应当是包含群众需求、需求表达、公共服务决策、公共服务供给在内的传达机制，其中需求表达起到了连接群众需求与公共服务决策、供给的重要作用。而需求的表达需要建立在畅通的渠道之上，政府热线作为连接需求和供给的重要渠道，能够以较低的成本、更高效的方式获得海量社会成员的行为和状态数据，通过降低统计误差和提高公共服务需求辨识度，以及对数据的结构化改造和关联性挖掘，发现社会个体乃至群体的行为轨迹和特征，揭示社会运行规律、预测公共服务需求，从而提高决策的前瞻性和预见性，在推动公共服务供给侧改革中发挥基础性、引导性和关键性作用。

公共服务需求的采集识别方式多种多样，既包括自上

---

[1] 李军鹏：《公共服务型政府建设指南》，中共党史出版社，2006。
[2] 张序：《公共服务供给的理论基础：体系梳理与框架构建》，《四川大学学报》（哲学社会科学版）2015年第4期。
[3] 张新生：《创新社会治理：大数据应用与公共服务供给侧改革》，《南京社会科学》2018年第12期。

而下的主动获取（信息调查机制），也包括自下而上的被动采集（需求传递机制）。容志提出的公共服务需求识别模式中，按照识别模式（主动和被动）和识别对象（个体和群体）将公共服务需求的采集识别分为四种类型：一是主动群体型，即自上而下针对特定群体的采集识别，如对公共服务方案的公开意见征集，针对服务对象的群体满意度调查，集中座谈等。二是主动个体型，如对公共服务政策实施成效的随机暗访，对公共服务领域专家观点的深入访谈等。三是被动群体型，常见的包括围绕重大公共服务事项的自发集体投票，群体利益受损导致的集体维权事件等。四是被动个体型，如表达个人意见的意见箱，政府热线，网络社交平台中个体观点的表达等。①

图 7-1 公共服务需求采集识别的几种类型

---

① 容志：《大数据背景下公共服务需求精准识别机制创新》，《上海行政学院学报》2019 年第 20 卷第 4 期。

第二节 政府热线在需求识别中的特点

有效的公共需求识别机制有利于防止公共服务的供需错位，特别是在当前的信息化和大数据时代，政府已经具备了在海量的民生信息中筛选具有普遍性和代表性的民众需求的能力，其中政府热线在公共服务需求识别中发挥了重要作用。政府热线在需求采集上属于被动个体型，与其他类型相比有得天独厚的优势，具体可以归纳为五个方面。

一是覆盖面广。与企业 CRM 客户关系管理不同，企业仅需要聚焦服务的特定目标群体，而政府对群众需求的掌握必须是整体性的，包括各个辖区、各行各业、各个年龄层次的全体成员。如今综合性的"12345"热线凭借电话、短信、信函、网站、微信、App 等多渠道的诉求体系，能够保障所有社会成员便捷地表达需求，无论是行动不便的老人，还是追求潮流的年轻人，无论是不识字的文盲，还是著作等身的学者，都拥有同样便捷的表达机会。

二是获取成本低。获取公共需求的方法众多，但成本差别巨大。问卷调查、调研走访、座谈会等主动获取模式往往需要投入大量的人力和物力，以线下调查问卷为例，需要经过问卷设计、调查培训、问卷发放、问卷回收、录入统计等多个流程，单份成本从数十元到几百元不等，因而难以大规模采集群众需求信息。政府热线则是鼓励市民主动表达需求，从而以超低的成本被动获取信息，如今我国广州、济南、成都等城市的政府热线年诉求量均超过 1000 万，成为汇集社情民意的超级"数据港"。

三是需求真实性高。政府热线在获取群众需求方面不存在任何预设，城市中的大事小情都能通过热线来反映，使得热线往往能够直接映射群众的意愿。不同于调查问卷、调查走访的预设目标和方案设计，热线采集的群众诉求更多是毫无掩饰的需求表达。对于群众诉求相对集中、关注度高的问题，诉求量就会相对集中，自下而上的被动数据采集模式确保了政府热线数据具有高度的真实性和可靠性，能够在很大程度上真实反映现实的社情民意。[1]特别是政府热线中投诉类诉求报忧多于报喜，有助于政府部门及时发现社会问题，全面了解掌握客观情况，从而做出科学决策。

四是响应速度快。政府热线的特点在于快捷和高效，当重大危机发生时，群众通过电话就能够及时反映问题，并能在相对较短的时间内得到响应。2020年新冠肺炎疫情暴发初期，国内多个城市报道了政府热线在群防群控、抗击疫情中的作用。北京、天津、苏州、杭州、贵州等城市在疫情防控措施中明确要发挥政府热线的作用，呼吁市民通过热线反映疫情信息。上海、广州、南京等城市强化热线数据分析，积极撰写疫情专报，为政府决策和防疫工作部署提供了重要依据。

五是交互性强。与其他需求信息获取模式不同，政府热线可以与市民进行互动，通过对话深入了解需求信息，并及时进行响应。新冠肺炎疫情期间，深圳、海口、成都等不少城市将疫情咨询、心理辅导与政府热线整合，指导市民居家防控，消除群众恐慌情绪。在对话互动中，政府热线除了能

---

[1] 张新生、金韦彤：《用好政务热线 解决疫情防控的民生问题》，《群众》2020年第4期。

够收集群众的需求和对政府工作的满意度以外,还通过对话获取了大量语音和文字信息,这些非结构化的数据中蕴含了背景描述、问题缘由、情绪心态等大量丰富的延展信息。

表 7-1 常见公共服务需求采集渠道及特征比较

渠道名称	类型	覆盖范围	采集成本	优劣势评价
政府热线	被动	全体社会成员,范围极广	极低	可全天候、长周期采集个体和企业需求信息,成本低、覆盖广,可分析需求演变趋势,但特定领域需求表达存在群体偏差
线下问卷调查	主动	特定群体,范围有限	偏高	主动性和可控性强,可以通过抽样统计反推总体情况,但受成本制约规模相对有限,由于拒访等原因,部分群体可及性低
调研走访	主动	特定对象,范围极小	极高	可深入了解研究个案,互动性强,但受成本制约,覆盖对象极其有限
信访	被动	特定个人或群体,范围较小	一般	信访个案研究价值较高,但总体数量偏少,个体需求表达往往过于极端,不具备普遍性
网络问卷调查	主动	特定群体,范围通常略大于线下问卷调查	较低	成本较低、效率高,不受空间制约,可在短时间内迅速采集信息,数据便于分析,但容易忽略非网民群体,非抽样调查会导致群体偏差
公开意见征集	主动	特定群体,范围相对有限	低	可针对特定领域和特定时间,针对性和指向性强,分析更加便捷,但应用领域相对有限,公开范围差异会导致群体偏差
意见箱	被动	特定群体,范围极小	较低	受意见箱设置地点制约,针对性强,但采集方式过于传统,不便于统计,年轻群体参与度偏低

资料来源:作者根据相关文献报道汇总得到。

第三节　热线数据助力公共服务中长期规划

公共服务中长期规划是指导公共服务领域发展的纲领性文件，对公共教育、医疗卫生、文化旅游、体育健身、养老托育、社会福利、社会救助、劳动就业、社会保险和住房保障等领域具有重要指导意义。建立健全公共服务体系，推进基本公共服务均等化、扩大普惠性公共服务供给、发展高品质多样化服务是落实以人民为中心的发展思想、改善人民生活品质的重大措施，是推动社会公平正义、扎实推进共同富裕的应有之义，是推动形成强大国内市场、构建新发展格局的重要内容，对增强人民群众获得感、幸福感、安全感，促进人的全面发展和社会进步具有重要意义。

政府热线可以发挥联系群众优势，助力公共服务中长期规划。公共服务的规划编制应该首先聚焦问题。黄群慧认为供给侧结构性改革是针对供需不匹配、生产率低下等问题所进行的体制机制改革，供给侧、结构性、改革依次对应问题、原因和对策。[①] 关注公共服务需求，尤其要关注最广大人民群众的公共服务需求表达，进一步完善社会与政府间的互动关系。通过建立通畅的需求表达、反馈机制，将自上而下的数据获取与自下而上的数据主动传递结合起来，确保政府能及时有效地获取公共服务需求信息，从而作出合理的、有针对性的供给安排。政府热线作为政府及其职能部门设立的非紧急公共服务呼叫系统，是最了

---

① 黄群慧：《论中国工业的供给侧结构性改革》，《中国工业经济》2016年第9期。

第七章　保障民生：需求驱动的公共服务供给侧改革

解群众公共服务需求的单位之一。2021年，南京"12345"热线首次尝试将市民诉求数据用于辅助制定市"十四五"公共服务规划，通过对热线数据进行分析，结合人口、公共服务设施等辅助数据，研判公共服务项目的具体服务对象、质量标准、改革趋势等重点内容，从而明确了公共服务发展的重点方向。

参考案例：南京"12345"热线数据辅助市"十四五"规划编制

"十四五"时期是全面建成小康社会、实现第一个百年奋斗目标后，乘势而上开启全面建设社会主义现代化国家新征程、向第二个百年奋斗目标进军的第一个五年。国家层面对"十四五"规划提出要开门问策、集思广益，把加强顶层设计和坚持问计于民统一起来，鼓励广大人民群众和社会各界以各种方式为"十四五"规划建言献策。为科学制定"十四五"时期公共服务规划，南京"12345"热线参与了《南京市"十四五"保障和提升公共服务规划》编制工作，首次将全市"十三五"时期955万条诉求数据用于基础分析，并将其作为发现问题、指导规划编制的重要支撑和依据，凭借相关创新做法获得了2021年全国政务热线服务质量评估"服务创新优秀单位"称号。在具体规划编制中，南京"12345"热线主要围绕两方面为规划提供了数据支持。

一方面是市民公共服务关注点分析。课题组对"十三五"时期市民诉求中涉及基本公共服务的133类重点民生问题进行分析，发现市民的基本公共服务诉求重点聚焦在物业服务、教育培训、停车服务、医疗卫生、养老服务等日常生活相关领域,并逐渐从物质需求向精神需求方面升级,在满足托底性基本公共服务的基础上,追求更高质量的基本公共服务(见图7-2)。

图7-2 南京市公共服务相关问题关注度词云分析

另一方面是重点公共服务领域群众关注点的变化。与传统热线数据聚焦短期社会问题分析不同,《南京市"十四五"保障和提升公共服务规划》编制对南京"12345"热线2016~2020年度全样本历史数据进行了长周期条件下的公共服务问题分析,在更大的周期视角下审视经济社会发展中存在的社会问题。编制小组发现,不同公共服务领域的需求规律具有较大差异。如教育服务方面,优质公立学校入学、学区房等教育资源类诉求具有明显的周期性和趋势性,每年入学季前后达到高峰,且诉求量逐年增加;外来人口子女入学则仅体现出周期性,每年诉求规模基本相当；市场化提供的教育培训问题没有明显的周期性特征，但"教育焦虑"带来的校外培训热却导致相关诉求量持续稳定增加。针对热线数据中发现的问题，规划编制相应地提出了扩大普惠教育覆盖力度、推动名校集团化办学和规范校外培训等针对性措施。再例如，在医疗服务方面，热线数据分析显示"十三五"时期市民反映公立医院排队问题的诉求快速稳定增加，优质公立医院医疗资源供需矛盾更加突出，在规划中也相应地提出了推动优质医疗资源提质扩容、完善基层医疗卫生服务体系等措施。

第四节　基于政府热线的公共服务流程再造

基于政府热线对公共服务供给进行模式优化，就是要将政府热线数据全面植入公共服务的需求识别、信息挖掘、协同治理、评价反馈等全流程，在每个环节充分嵌入大数据治理理念，不断消解当前公共服务供给困境与理想目标之间的鸿沟，形成基于公共服务大数据的闭环体系。[1]

一是要依托政府热线精准采集识别公共需求，打通公共服务领域"数据孤岛"。传统公共服务领域数据分散在不同的单位和部门，数据完整性不足，"数据孤岛"现象严重，造成信息不对称、研判不准确、决策不科学等问题。大数据技术的快速发展为破解公共服务供需失衡的困境提供了核心技术支撑，差异化、多样化、动态化的公众

---

[1] 徐军、李红平、刘希：《国家治理能力现代化建设需求下政府热线发展探讨》，《信息通信技术与政策》2020年第7期。

需求因为大数据的精准抓取与有效表达获得了准确配送和满足。①公共服务供给侧改革首先就是要充分整合数据,实现政府热线数据与各政府部门数据的双向互动,将政府供给信息、市场供给信息、社会组织服务信息以及公众的需求信息进行整合,全样本掌握公共需求数据,弥合传统数据采集的弊端,全面提升政府公共服务数据管理能力。

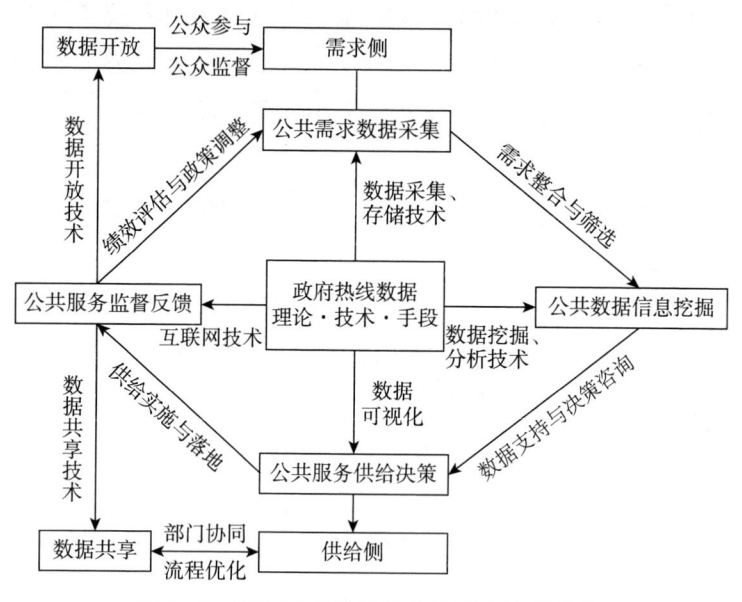

图7-3 基于政府热线的公共服务流程优化

二是利用热线数据优化资源配置,高效匹配公共服务供需要素。公共服务供给侧结构性改革意味着从提高供给质量出发,推进结构调整,扩大公共服务的有效供给,提

---

① 赵超、金华宝:《从标准化到精准化:大数据时代民族地区的公共服务供给转向》,《重庆理工大学学报》(社会科学版)2017年第10期。

高供给结构对需求变化的灵活性和适应性。在对政府热线数据进行细化分类的基础上，挖掘数据背后的规律与价值，分门别类做出精准化的公共服务供给决策。大数据分析能够增加决策的成功率，降低决策的风险和成本[1]，并可以有效弥合生产与需求之间的鸿沟，为决策提供科学依据，合理配置资源、提高效率[2]。在公共服务数据整合管理的基础上，运用人工智能式的数据挖掘与统计进行分析，借助网络地图、标签云、历史流图等可视化技术将大数据分析和报告实时呈现，发现公共服务供给的关键问题，高效匹配公共服务供需要素和资源，提高公共服务的供给效率和应变能力。

三是推动热线数据的内部共享协作，促进跨部门工作协同。在大数据和人工智能时代，技术改变了数据和知识在政府部门之间的流动方式、形态和效率，减少了信息的损耗，为政府在横向和纵向上的整合提供了技术支撑[3]，为公共部门内部数据共享与协作提供了技术基础。政府热线数据可以依托大数据及网络手段发挥跨部门、扁平化的管理优势，建立垂直与水平的双向管理体系，一旦出现公共需求或公共舆情，政府内部可以保持密切沟通，建立信息共享与联动应对机制，协同配合，从而降低公共服务供给

---

[1] Moses, L. B. and Chan, J., "Using Big Data for Legal and Law Enforcement Decisions: Testing the New Tool," *University of New South Wales Law Journal* 37.2(2014): 643-678.

[2] 王法硕、王翔：《大数据时代公共服务智慧化供给研究——以"科普中国+百度"战略合作为例》，《情报杂志》2016年第8期。

[3] 米加宁、贾妍、邱枫：《"互联网+"时代的公共管理学科》，《中国行政管理》2016年第5期。

成本，提高公共服务供给效率。在提高社会治理水平和治理能力现代化的时代背景下，政府热线还可以发挥连接各方的优势，提高社会成员和组织之间的交流和互动效率，将市民、企业、社会组织共同整合到公共服务的共同生产中来，扩大公共服务供给，提高政府运作效能，推动政策和服务的创新和突破。

四是发挥政府热线的社会监督功能，促进公共服务绩效提升。公共服务的提供者、生产者和服务受众均在资源配置中寻求自身利益最大化，依靠多维度、多指标、多渠道的反馈评估与精准监管才能使整个公共服务供给流程形成一个闭环体系，保障公共服务供给过程的有序进行。在公共服务体系中，政府热线可以充分利用公众参与和公众监督，改变以往以行政监察为主的内部监督模式，实现政府与社会、企业的协同多元监管，促进公共服务效率的全面提升，实现整体社会价值的最大化。

第八章

精准治理：城市问题的诊断与防治

　　城市在精神和物质两方面都应该保证个人的自由和集体的利益。对于从事城市计划的工作者，人的需要和以人为出发点的价值衡量是一切建设工作成功的关键。

——1933 年《雅典宪章》[①]

　　"让人民群众在城市生活得更方便、更舒心、更美好"[②]，"城市管理应该像绣花一样精细"[③]。党的十八大以来，城市精细化管理成为提升城市建设管理水平的重要方

[①] 《雅典宪章》是国际现代建筑协会（C.I.A.M.）于 1933 年 8 月在雅典会议上制定的一份关于城市规划的纲领性文件，即《城市规划大纲》，后来被称作《雅典宪章》。《雅典宪章》提出了城市功能分区和以人为本的思想，即城市应按全市人民的意志规划，集中地反映了"现代建筑学派"的观点。
[②] 《中央城市工作会议在北京举行 习近平李克强作重要讲话》，《人民日报》2015 年 12 月 23 日。
[③] 央广网：《习近平：城市管理应该像绣花一样精细》，http://china.cnr.cn/gdgg/20170305/t20170305_523637510.shtml。

向。推动城市精细化管理一方面需要在供给侧自上而下地进行整体布局，通过科学分析和系统规划优化城市空间布局，另一方面也需要在需求侧自下而上地广泛听取群众意见，解决群众反映的痛点和难点问题，提升群众的认同感和参与度。

第一节　热线数据可视化精准发现问题

随着城市化进程加速，城市问题逐步成为学界关心、政府关切、群众关注的热点、难点、焦点问题。城市化和城市现代化在外在形式上表现为城市数量的增多和城市规模的扩大，在内在形式上表现为城市复杂性的提高、城市社会结构的分化和城市素质的提升。[①] 精细化治理以科学管理为基础，以提高工作效率为目标，其基本前提是精准发现问题。2020年，习近平总书记在上海考察时强调："既要善于运用现代科技手段实现智能化，又要通过绣花般的细心、耐心、巧心提高精细化水平，绣出城市的品质品牌。"当前，物联网、大数据、云计算、人工智能等新兴技术迅速崛起，顺应时代发展趋势，将先进技术与城市精细化管理融合起来成为改革的必然趋势。运用数据可视化等现代分析手段充分挖掘民生数据资源并进行分析研判，才能推动城市建设重心下移、力量下沉，才能让城市治理的针脚更细密、城市的运行更顺畅。

---

① 张鸿雁：《侵入与接替——城市社会结构变迁新论》，东南大学出版社，2000。

第八章　精准治理：城市问题的诊断与防治

　　以"问题导向"为特征的政府热线正是借助大数据技术追踪城市问题的"利器"。对城市问题的研判应该建立在对城市发展的量化研究基础上，通过对政府热线数据的定量分析全面掌握问题所在，准确把握城市问题的特征及问题症结，为解决城市问题提供依据和路径。发达国家很早就开始尝试利用热线数据发现城市问题。例如纽约市政府颁布的47号法令（Local Law 47）规定，市政府信息中心要定期向市政府、市民代表署、社区中心和公众发布报告，内容包括热线来电内容和办理部门等信息，并集中分析相似诉求的数量、分布地点、市民求助情况等。这些数据在市政府各部门制定和调整政策过程中发挥了重要作用，市政府可以通过数据清晰地掌握哪些问题比较模糊、哪类问题投诉较多和市民期待等，从而督促政府改进服务质量。[①]以供暖为例，根据纽约市的相关规定，在供暖季里出租屋房主或者物业管理部门必须提供暖气并保持出租屋室内的适宜温度，否则租户有权向"311"平台投诉并要求房屋管理部门介入调查。针对这个问题，租房引擎Renthop利用"311"公开数据制作了纽约市供暖相关的投诉可视化图，来帮助租客选择合适的租房区域（见图8-1）。[②]

　　热线数据可视化可以直观提升城市问题发现能力。数据可视化作为数据视觉表现形式，其主要思路是将数据库

[①] 平捷：《服务型政府视角下市民服务热线运作及优化研究——以上海市"12345"市民服务热线为例》，硕士学位论文，复旦大学，2013。
[②] 丁玮、陈宇琳：《纽约"311"智慧化管理城市：收集吐槽大数据》，https://cloud.tencent.com/developer/news/302950。

145

中每一个数据项作为单个图元元素表示，大量的数据集构成数据图像，同时将数据的各个属性值以多维数据的形式表示，从不同的维度观察数据，从而对数据进行更深入的观察和分析。传统的诉求统计分析形成的柱状图、饼状图只能帮助决策者了解问题的大体数量和分类占比等情况，数据可视化则可以快速清晰地判断出哪些区域集中反映了哪些问题，例如通过 GIS 的密度分析等功能生成的诉求热力图，可以更加直观地了解重要民生问题的高发区域，为政府制定精准化的治理政策提供有力支撑。

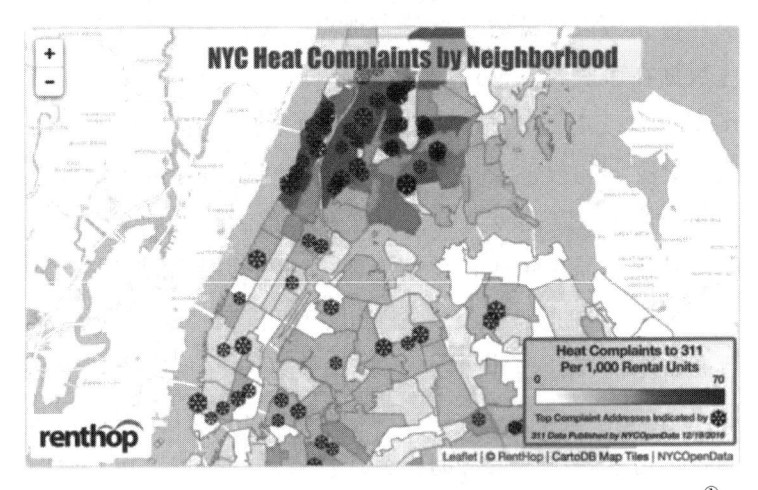

图 8-1 基于"311"热线的纽约市冬季供暖相关投诉统计图 [①]

近年来，国内"12345"热线也积极探索基于热线数据的可视化分析，提高对城市问题的感知能力。在政府热

---

① "NYC Heat Complaints up 20% Year over Year – Bronx Cooler than Brooklyn", https://www.renthop.com/studies/nyc/heat-complaints-up-20-year-over-year-bronx-cooler-than-brooklyn.

线快速发展的过程中，不少城市仅仅将热线作为接收和解决群众诉求的渠道，只发挥着政府热线最基础的作用。而北京、上海、广州、济南、南京、佛山等城市已经开始着力聚焦数字治理，通过深入挖掘热线数据背后的价值来提高城市治理水平。政府热线提供给具体业务部门的数据有利于推动部门内部业务流程优化，帮助其轻松找到目标领域，做出明智的决策。[①]例如，2018年南京"12345"热线针对日益增多的地铁出行需求，主动利用热线数据可视化技术分析全市174个地铁站点周边交通环境相关诉求，精准锁定诉求集中的关键问题点，为后续的地铁站周边交通秩序整治专项行动提供了重要依据。

参考案例：基于热线数据的地铁站周边交通环境精准治理

随着轨道交通网络日趋完善，地铁出行凭借方便、准时、快捷的特点成为最重要的公共交通方式之一。地铁站作为地铁与其他交通方式接驳的交通节点，站点周边的黑车非法运营、车辆占道停放、共享自行车投放等问题在影响市民出行的同时，也给城市形象带来了不利影响。南京"12345"热线运用市民诉求数据对地铁站周边出行环境问题进行系统分析，对全市开通运营的174座地铁站相关诉求进行统计，并运用数据可视化技术将结果进行直观呈现，锁定了问题较为集中的15个站点。根据热线数据分析结果，南京市专门开展了地铁站周边交通秩序整治专项行动，

---

① 孟天广、黄种滨、张小劲：《政务热线驱动的超大城市社会治理创新——以北京市"接诉即办"改革为例》，《公共管理学报》2021年第2期。

优化提升地铁出行环境，获得了广大市民的积极评价，热线监测到相关诉求也明显减少。

热线可视化分析结果表明地铁站周边出行环境与地铁站流量并不直接相关。原本预计问题可能较多的商业中心、高铁站等大流量站点，由于管理相对规范，问题反而并不集中。轨道交通的末端站点和交通换乘站点（轨道交通和其他交通方式换乘的站点）由于实际服务半径更大，涉及多种交通方式混合管理的复杂场景，黑车非法运营、车辆占道停放、共享自行车投放等问题更加集中。基于"12345"热线数据的地铁站点周边出行环境整治经验表明，政府热线作为群众意见和建议汇集的平台，能够主动发现城市问题的发生规律，为城市精准化治理提供数据支持，并能够跟踪监测治理成效，推动形成长效化的治理机制。

第二节　利用历史数据跟踪问题演变趋势

政府热线中积累的历史数据也具有重要价值。尽管针对单独某类城市问题的诉求进行数量统计并无显著意义，但将其放置于较长的时间周期之中则能够观察到此类问题的发展趋势和变化规律。例如，某城市某月物业管理类诉求10万件，这个数值单独看并不能说明任何问题，但通过历史数据研究，则可以大致评估该类问题的基本概况，了解问题前后的变化，并能够作为评价现状的参考依据。在生物入侵等生态环境问题治理中，南京通过"12345"热线诉求了解了入侵物种的空间分布,不仅为相关治理行动提供了依据,还可以通过不同年份前后变化情况了解入侵物种的空间分布变化,为长效治理提供参考依据。通过对历史数据的跟踪研判,可以总结出长周期下城市问题的演变规律,从而优化城市治理工作流程,提升城市治理效率。

参考案例:基于热线诉求数据追踪生物入侵

2021年国内多地爆发"加拿大一枝黄花"入侵泛滥事件,由于其对生态环境以及经济、社会、文化具有多重危害,成为"全网通缉"的重点对象,武汉、成都、西安、郑州、洛阳等地积极开展清理防治工作,央视财经频道进行了跟踪报道。"加拿大一枝黄花"(学名:Solidago canadensis L.)于1935年作为观赏植物引入我国,具有繁殖力强、传播速度快、生长优势明显、生态适应性广阔等特点,对生物多样性构成严重威胁,民间有"黄花过处寸草不生"的说法,因此其也被称为"生态杀手""霸王花",被列入《中国外来入侵物种名单》(第二批)。[①]

在"加拿大一枝黄花"治理中,群众诉求是重要的线索来源。南京"12345"热线将市民反映的相关诉求进行归集与分析,作为治理"加拿大一枝黄花"的重要参考依据(见图8-2)。结果表明,群众诉求能够相对精准地反映出"加拿大一枝黄花"的时空特征:在时间维度上,关于"加拿大一枝黄花"的诉求时间高度集中在每年

---

① 新华社:《外来入侵物种治理难在哪儿》,《科学大观园》2021年第24期。

10~11月份，与该物种花果期（每年的10~11月）时段高度一致；在空间维度上，基于对不同年份市民诉求地理空间分布的可视化分析和对比，可以清晰地看出该物种的空间扩散情况，为"定点铲除"和更大范围的跨区域"协同治理"提供了重要依据。

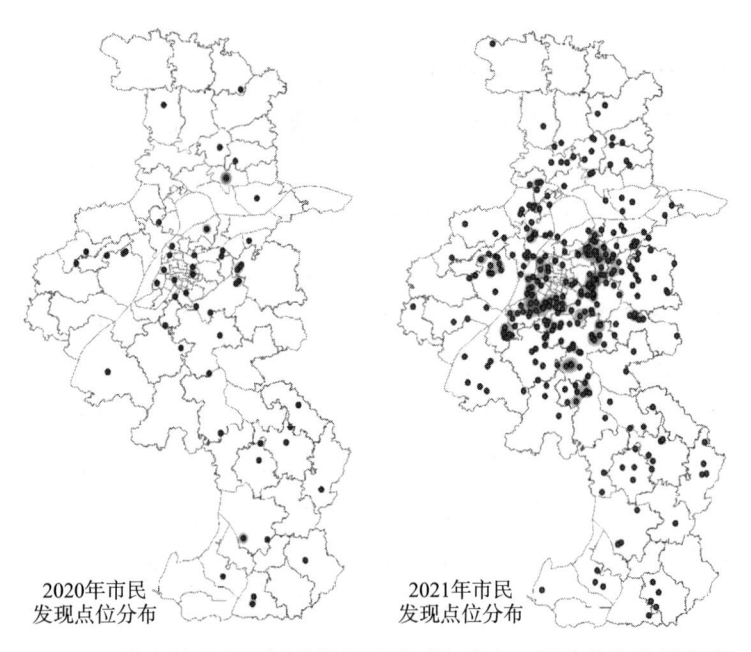

2020年市民发现点位分布　　2021年市民发现点位分布

图8-2　南京基于市民诉求数据追踪"加拿大一枝黄花"空间分布

政府热线数据不仅可以用于城市问题的治理，长周期的数据分析还可以用于监测城市治理过程和效果。[①] 以

---

① 曹策俊、李从东、王玉等：《大数据时代城市公共安全风险治理模式研究》，《城市发展研究》2017年第24卷第11期。

南京治理城市积淹水为例，由于老城改造和新城建设的工程衔接以及历史和现实的影响，南京很多地区存在着"低洼处排水不畅"和"窨井盖衔接管道"等问题，极易造成城市内涝现象。每逢暴雨，"欢迎大家来'看海'"成为市民对城市内涝问题的调侃。为此，南京连续多年将治理水环境、整治积淹水片区列入市政府民生实事工程。经过多年的治理，内涝情况相较以往有了明显改善。南京"12345"热线的监测数据也客观反映了城市积极治理内涝问题的成效，根据市民对积淹水诉求的可视化分析来看，近年来市民反映的积淹水诉求规模大幅降低、空间点位明显减少。

第三节　数据联动提高政府城市问题解决能力

不少城市问题本质上是资源供给和需求不匹配导致的。在现实治理层面，传统的治理模式多由长官意志推动[①]，往往导致政策指向、资源配置与民众的真实需求之间形成错位，在社会治理过程中出现难以解决的积累性、疑难性问题。政府热线的出现为资源配置不合理等问题提供了新的解决方式。以"断头路"治理为例，"断头路"的出现是典型的资源错配和供需脱节的表现。曹虹宇将城市"断头路"产生的原因归纳为自然环境阻隔、规划引领作

---

① 孟天广、黄种滨、张小劲:《政务热线驱动的超大城市社会治理创新——以北京市"接诉即办"改革为例》，《公共管理学报》2021年第2期。

用缺失、地方部门利益作祟和责任感缺失四种类型。[1]除自然环境阻隔这个客观因素以外，其他类型均表现为有限的公共资源没有运用在关键位置，是政府公共交通设施供给与群众交通出行需求之间发生错位的集中体现。在"断头路"治理中，南京城市建设部门从需求出发，加强同"12345"热线联动，通过对群众诉求的梳理和排序，锁定群众反映集中的关键"堵点"，采用无人机现场航拍调查取证，再由专业机构制订整治计划，将其优先纳入城市建设方案中，不仅清除了现实中"断头路"造成的拥堵，更疏通了群众心中的"堵点"，从而助力人民满意的典范城市建设。

参考案例：从"民声"出发的"断头路"治理

　　城市道路中的各种"断头路"是影响广大市民交通出行、加剧交通拥堵的重要问题之一，也是城市交通网络功能的"短板"。"断头路"的形成既有历史遗留、制度约束等客观因素，也有规划论证不充分、局部利益格局考量等主观因素，需要在城市规划建设中充分考虑群众需求，主动打破局部利益格局，形成防范"断头路"产生的长效机制。南京在治理"断头路"的问题上，采用建设部门与政府热线强化数据合作的形式，会同专业数据分析和市政规划设计单位，形成了基于热线数据的城市精细化建设机制，在信息采集、方案设计、项目实施等环节强化对市民需求的分析，对市民反映集中、社会关注度高的"断头路"

---

[1] 曹虹宇：《"断头路"成因及对策分析》，《绿色建筑》2016年第8卷第4期。

节点进行现场调查，利用无人机进行现场航拍，加强论证和方案设计，生成基于民生数据的精细化建设项目，积极推动解决长期困扰群众的疑难问题。

政府热线数据跨部门联动有利于提高城市问题的解决能力，也获得了国家层面的积极鼓励。国务院办公厅《关于进一步优化地方政务服务便民热线的指导意见》（国办发〔2020〕53号）明确提出要建立统一的"12345"热线信息共享规则，加快推进各级"12345"热线平台与部门业务系统的互联互通和信息共享，由"12345"热线平台向同级有关部门实时推送受理信息、工单记录、回访评价等全量数据，加强研判分析，为部门履行职责、进行监管、解决普遍性诉求、科学决策提供数据支撑。在此过程中，政府热线虽然主要负责受理群众诉求，不代替职能部门直接解决群众遇到的问题，但热线作为群众诉求信息的采集源头以及向市民反馈的双向接口，在政府治理中发挥着关键的协调作用，特别是处理权责交叉的群众诉求，有利于在政府部门之间建立高效的协同机制。[①]

第四节　融合热线数据的城市治理模式优化

政府热线助力城市治理的实践表明，现代城市治理能力提升需要善于获取数据、分析数据、运用数据，增强利

---

① 王艺津：《基于整体性治理理论的市民服务热线研究》，硕士学位论文，华东政法大学，2020。

用数据推进城市各项工作开展的能力，坚持问题导向，利用政府热线数据来提高对城市问题和规律的把握能力，使政府热线在城市治理中发挥更大作用。城市治理要将理论与实践相结合，结合宏观政策研判城市发展面临的新形势、新要求、新机遇和新挑战，充分研究城市问题产生的机理，明确城市治理的基本框架。在实践层面，充分发挥政府热线数据价值，优化城市治理模式，将"自上而下"的管理机制与"自下而上"的反馈机制充分融合（见图8-3）。具体而言，政府热线在城市治理实践中要发挥四个方面的突出作用。

一是科学分析研判提高城市问题抓取的精准性。城市问题治理要坚持问题导向，聚焦群众反映的难点、热点问题，首先需要做好问题梳理和分析研判，才能迅速落实整改措施，精准解决群众诉求。在城市治理实践中，要发挥政府热线贴近群众、掌握需求的优势，提高对城市问题的感知能力，做到"精准把脉"，精准研判城市问题症结，找准困扰城市发展的难点、痛点和堵点，结合相关城市治理经验，形成有针对性的治理措施。

二是联动职能部门提高治理的针对性。破解城市问题涉及复杂的人口、资源、体制、机制等系列问题，全面厘清各要素的内在联系及其相互间的影响关系，有助于找出破解城市问题的合理路径与方法。政府热线是政府行政体系面向群众的前端，连接数量众多的职能部门和基层单位，强化政府热线同具体职能部门的联动，协同进行分析研判，以群众实际需求为依据，才能制定出更加务实合理的治理措施，做到"药到病除"，提高城市问题的治理效率。

三是强化趋势研判提高问题防范的前瞻性。近年来，以北京为代表的城市政府热线不断探索"主动治理、未诉先办"，这始于居民诉求，又超越居民诉求，其核心是多层次治理主体在党的领导之下通过对话、协商、谈判、信任、合作和共同行动，推动解决超大城市治理中的棘手民生难题，提高人民群众获得感、幸福感和安全感的公共价值创造过程，本质上是实现"以人民为中心"的超大城市治理创新。[1]根据对政府热线历史数据的趋势研判，对城市治理中存在的周期性、趋势性、突发性规律进行总结，提高针对各类问题的预判能力，争取做到"未病先治"，降低城市治理成本。[2]

四是利用数据跟踪确保治理措施的实效性。城市问题的治理不是一蹴而就的，需要进行长期的跟踪监测，了解城市问题治理的实际成效，对依然存在的问题和复发的问题及时进行措施调整。在此过程中，可以发挥政府热线对城市问题跟踪反馈的作用，将热线数据融入城市体检的指标，实现对问题的持续监测，确保各项城市治理措施切实发挥实效。

---

[1] 李文钊：《"每月一题"：推进首都治理体系和治理能力现代化》，《北京日报》2021年6月22日。
[2] 曹策俊、李从东、王玉等：《大数据时代城市公共安全风险治理模式研究》，《城市发展研究》2017年第24卷第11期。

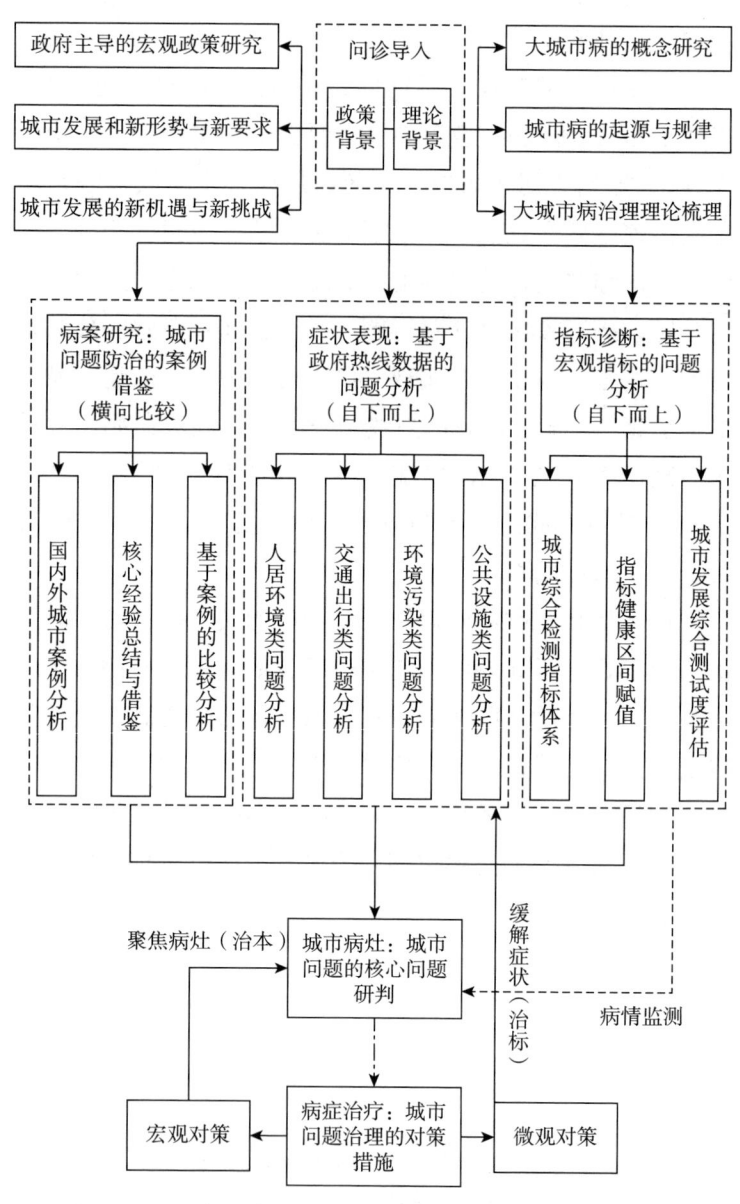

图 8-3 融合政府热线的城市问题治理模式优化示意图

第九章

危机应对：突发公共事件与政府热线的成长之路

　　盖灾沴之行，治世不能使之无，而能为之备。民病而后图之，与夫先事而为计者，则有间矣。

——曾巩《越州赵公救灾记》[①]

　　突发公共事件是指突然发生，造成或者可能造成严重社会危害，需要采取应急处置措施予以应对的自然灾害、事故灾难、公共卫生事件和社会安全事件[②]，具有随机性、突然性、破坏性、复杂性、可变性、扩散性等特点[③]。面对突发公共事件时，公共危机的第一治理主体是

[①] 北宋文人曾巩的《越州赵公救灾记》描述了宋时越州应对突发严重旱灾并衍生疫病的过程。此句大意是，灾害的发生，太平年代也不能避免，却能够预先作防备。百姓遭受灾难后才去思考对策，与事先有所考虑相比，就有很大差距了。
[②] 参见《国家突发公共事件总体应急预案》。
[③] 朱力:《突发事件的概念、要素与类型》，《南京社会科学》2007年第11期。

基层政府，其在危机发生时受到的冲击和影响最大，为了维护社会的安全与稳定，基层政府必须时刻保持广泛的注意力，及时观察、意识到环境的变化，并寻找、识别和获取潜在的信息等资源。①

第一节　重大突发事件中政府热线的探索与功能提升

政府热线在突发公共事件中发挥作用的早期报道可以追溯到非典期间。2003年非典集中暴发后衍生出复杂的民生问题，各地开始尝试发挥热线在疫情应对上的作用，纷纷开通咨询电话，为广大群众提供各类疫情相关的咨询和求助服务。

此时政府热线的整合尚未全面推进，疫情咨询热线也以临时设置的固定电话号码为主。从当时的媒体报道来看，北京、上海、广东、江苏、湖北、山西等18个省市均开通了非典咨询电话，作为群众咨询和反映疫情的主要渠道。不少城市的下辖区也开通了咨询电话，如北京当时公布的非典咨询电话包括了北京市急救中心电话、北京市疾病控制中心电话、各行政区及铁路系统电话等累计多达46个电话号码。此外，心理热线也在此次突发公共事件中有所建树，2003年4月25日北京开通了全国第一条"预防非典恐惧"心理热线，由多位知名心理学专家组成"心理援

---

① 增毛加：《风险社会视阈下西藏基层政府公共危机治理研究》，《中国管理信息化》2020年第23卷第18期。

助"专家顾问团，提供 24 小时心理援助服务，并针对来电中的热点问题，通过报纸、电台和电视等多种媒体介绍相应的心理减压方法。①

与普通政府热线整合趋势一致，非典咨询电话也呈现出整合的趋势。针对群众记不住非典咨询电话的问题，2003 年 4 月底，信息产业部向卫生部门提供了全国统一的非典防治电话"95120"，在全国发生疫情的 25 个省、自治区、直辖市开通，为群众提供非典疫情报告、咨询、求助等服务。②作为"救护 120"的谐音，"95120"不仅将分散在不同单位的防治非典咨询电话统一了起来，而且是全国统一的咨询号码，大大方便了群众记忆和使用，在抗击非典疫情中发挥了重要作用。时至今日，"95120"热线依然在不少城市保留。在新冠肺炎疫情防控中，沈阳、湘潭等地"95120"热线依然作为咨询电话，在抗疫中发挥着咨询、报告、求助等重要作用。

由此可见，政府热线可以在突发公共事件中发挥积极作用，承担公共卫生应急反应机制中信息报告与咨询的重要渠道功能。政府热线在危机应对中的作用在多次突发公共事件中得以体现，并随着"12345"热线的普及推广而发挥了更加显性化的作用。例如，2008 年汶川地震发生后，杭州等城市的"12345"热线接到众多热心群众的

---

① 中国青年报：《全国首家"非典"心理援助热线将 24 小时开通》，http://zqb.cyol.com/content/2003-04/30/content_656473.htm。
② 姚敏：《"95120"抗"非典"热线利万家》，《中国消费者报》2003 年 5 月 19 日。

电话,在帮助市民捐款捐物等方面发挥了积极作用。① 在2017年长沙抗洪抢险中,长沙"12345"热线进入一级应急响应,根据市民反映的线索积极处置房屋被淹、山体滑坡、泥石流、大雨导致的停水停电、树木倒塌阻断交通等诸多险情,在打赢防汛抗洪战役中有效防止洪水次生灾害的发生,稳定了市民群众的情绪,获得了长沙市民群众的高度赞誉。②

2020年初,突如其来的新冠肺炎疫情打破了全国人民欢度春节的气氛,给城市经济社会发展带来了巨大冲击,疫情在城市巨型化、区域化、群落化的背景下对城市韧性提出了新的挑战。③ 面对疫情,北京、上海、广州、济南、海口、成都、东莞等城市纷纷利用政府热线收集群众相关疫情诉求,分析广大群众在疫情期间遇到的实际困难,为疫情防控提供有效的数据支持。

在北京,"12345"热线成为群众寻求帮助、反映问题的主要方式和途径,并在宣传疫情防控政策、解答疫情防控疑问中发挥了积极作用。疫情中,需要医疗服务的患者也通过"12345"热线寻求帮助。统计显示,2020年新冠肺炎疫情期间患者通过政府热线"12345"途径表达诉求的占比达到80.3%,高于2019年同期的34.2%,"接诉即

---

① 浙江在线:《好些急着捐款的市民 电话打到了"12345"市长热线》,https://zjnews.zjol.com.cn/05zjnews/system/2008/05/15/009517443.shtml。
② 腾讯网:《近万个电话反映灾情险情 长沙"12345"抗洪在行动》,https://hn.qq.com/a/20170704/045723.htm。
③ 熊竞:《新冠肺炎疫情影响下的城市规模治理:基于我国348个地级以上样本单元的分析》,《城市发展研究》2021年第28卷第4期。

第九章 危机应对：突发公共事件与政府热线的成长之路

办"机制成为快速应对患者诉求变化的重要指引和有力保障。① 此外，北京"12345"热线还发挥多语种热线的服务优势，在疫情期间创新工作机制，专门开通了一条面向街道社区的涉外疫情防控咨询专线，积极协助应对疫情中的涉外问题。

在南京，"12345"热线全天候、满负荷接收市民疫情相关诉求，紧盯疫情期间群众的民生需求和演变趋势，着力协调解决当前疫情防控和复工复产中群众反映集中的痛点、难点问题。热线中心借助网络地图、标签云、历史流图等可视化技术将热线数据分析和报告实时呈现，并对诉求中呈现的趋势进行研判与预测，既关注疫情防控中的物资供应、医疗救助、个人防护、物价稳定、封闭管控、复工复产等关键问题，也对疫情防控中容易忽略的登记信息保护、隔离场所环境、疫情期间宠物管理等细节问题进行全面梳理，在线索摸排、辅助政府决策等方面发挥了积极作用。②

在东莞，"12345"热线利用技术优势，第一时间实现热线业务平台远程办公，成为省内率先通过 VPN 方式实现工单转派、知识库维护、云座席等功能、满足居家办公需求的城市之一，减少了交叉感染风险。在疫情防控中，"12345"热线主动承担疫情咨询、倾听民声、联系职能部门的重要任务，积极配合开展卫生防疫宣传等正面引导措

---

① 徐秀红、段满荣、王蒂楠等：《新冠肺炎疫情下"接诉即办"机制保障医院快速响应患者诉求》，《临床和实验医学杂志》2020 年第 19 卷第 11 期。
② 张新生、金韦彤：《用好政务热线 解决疫情防控中的民生问题》，《群众》2020 年第 4 期。

施，普及健康知识，为群众排忧解难，成为收集民意热点最便捷最高效的渠道。针对东莞流动人口多、复工复产压力大等特点，"12345"热线持续利用诉求数据跟踪疫情下的民生走势，为疫情的科学防控提供了重要的技术支撑。

在数字化时代，数字技术的应用提高了政府热线应对突发公共事件的信息采集、分析和研判能力。在新冠肺炎疫情期间，为了准确研判形势、摆脱困局，政府将数字技术视为危机情境下的"救生圈"，数字化转型所带来的政府工作效率提升、社会协同以及资源分配的优化，增强了组织的韧性，进而提升了组织在逆境中的预警、反应和恢复能力。政府热线虽然不在一线，却又胜似一线。疫情期间，祖国大地从南到北，从东到西，热线人积极投入到抗击新冠肺炎疫情的战役中。虽然热线工作人员并不直面疫情，但群众足不出户就可以随时拨打"12345"咨询疫情相关信息、举报投诉、提出意见，与政府部门积极互动。疫情期间，各地政府热线接收的群众诉求量普遍大幅增加，远高于往年同期水平，热线也在疫情中经受了重大考验。政府热线依靠现代、智能的信息化技术，提供更快捷、更方便、更高效的政民沟通途径，成为畅通民意的"快车道"、辅助抗疫的"生力军"，在抗疫战斗中发挥了独特作用，体现了政府热线在突发公共事件应对中的重要价值。

第二节　危机演变的内在逻辑与热线的作用机制

面对突发公共事件的心态演变是一个分阶段的复杂过程。面对自然灾害、疫情等各种突发危机带来的冲击和挑

第九章　危机应对：突发公共事件与政府热线的成长之路

战，城市系统需要构建韧性机制，进而促进内部网络结构中各主体根据其他主体和环境的变化而发生改变或适应。[①] 从政府热线数据分析来看，城市系统的突发事件响应过程主要经历三个阶段：第一阶段是承受。当城市系统的内外部环境发生变化时，城市系统可以承受一定程度的变化，而不必因其自我修复功能立即进行调整。在突发公共事件应对中，承受阶段是开展危机应对的关键准备期，政府热线的价值更多在于监测事件的特征和演变情况，辅助城市系统在第一时间采取紧急行动并向受灾人群提供援助，如消防部门、公安部门、医疗部门和交通部门等应迅速行动满足相关需求。第二阶段是适应。尽管系统环境不断变化，但城市系统仍然可以在一定程度上自我调整，以适应这些新的变化。在此阶段，适时调整政策是危机应对的关键，政府热线需要在微观信息的基础上分析出宏观的系统问题，不仅需要通过分析个体诉求数据辅助危机应对，还需要辅助整体策略调整，以促进各方力量适应危机环境。第三阶段是重建。当城市系统环境发生较大变化时，城市有能力重建新的系统，并在新的环境条件下继续发展，包括通过恢复城市系统功能缓慢恢复城市经济，促进社会环境的和谐发展，帮助城市环境得到改善。在此阶段，城市系统从突发事件应对状态向常态化应对状态转型，多元主体之间、主体与环境之间直接交互作用增强，城市物质、

[①] Norris, F. H., Stevens, S. P., Pfefferbaum, B., Wyche, K. F.and Pfefferbaum, R. L., "Community Resilience as a Metaphor, Theory, Set of Capacities, and Strategy for Disaster Readiness," *American Journal of Community Psychology*, , 41.1-2(2008): 127-150.

能量和信息的"流动性"增加,是城市系统加快恢复重建的过程。政府热线在重建阶段可以持续关注失业、医疗服务、商业运作恢复等重点问题,并通过信息的双向互通加快城市系统的恢复进程。同时,城市系统在演化发展过程中存在系统韧性阈值。当城市系统的韧性在有效阈值区间内时,整个城市系统将呈现出有序的运行和增长。当系统的韧性超过有效阈值区间时,整个城市系统将处于停滞甚至衰退的状态。因此,政府热线在危机应对中需要充分发挥为民解难和信息采集的功能,时刻监测城市民生保障体系在突发公共事件中的承压能力,以防止突发公共事件衍生出更加具有破坏性的系统性危机。

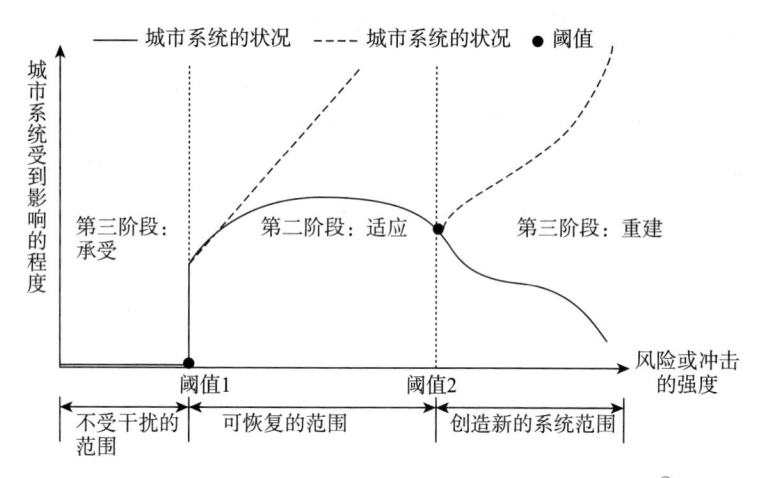

图 9-1 城市系统在面临突发危机时经历的三个阶段[①]

---

① Shi Yijun, Zhai Guofang, Xu Lihua et al., "Assessment Methods of Urban System Resilience: From the Perspective of Complex Adaptive System Theory - Science Direct," *Cities*, 112.4(2021): 103141.

第九章 危机应对：突发公共事件与政府热线的成长之路

突发公共事件具有"放大效应"，依托政府热线积极防范衍生问题的重要性不亚于应对突发公共事件本身。突发公共事件中的民生问题演化具有复杂的"非线性"特征，医学上有"自愈"而非"治愈"的说法，应对突发公共事件的关键就是要千方百计保障民生，积极防范衍生问题，民生保障也是关键战场。城市的民生保障能力依托于复杂、动态、开放的城市系统，突发公共事件发生后，城市系统内部各组成部分的"自组织"是推动演变的核心因素。复杂适应系统理论（CAS Complex Adaptive System Theory）[①]认为个体的适应性增加了系统的复杂性，系统中的每个主体都会对外界的干扰作出适应性反应，各种异质的适应性主体也会相互产生复杂的影响，同时这两者都会影响系统的进化路径和结构[②]。城市民生保障体系在突发公共事件中发生复杂的"自组织"演化，这些系统的转化、演变和发展都是系统主体对外部环境主动认知的集体结果。这种主体间、主体与环境间的相互作用被称为"适应性"，适应性是系统发展和进化的根本动力，同时适应性导致了复杂性。应对突发公共事件不应仅仅针对事件本身，更需要引导事件的"非线性"演化过程，防范衍生问题是应对突发公共事件、提高城市韧性的关键所在。城市应对疫情与

[①] 约翰·H·霍兰（John·H·Holland）教授于1992年提出，以第一代和第二代系统理论为基础，弥补了例如经济、生态和免疫系统等内在的非线性系统无法使用计算机等线性诊断工具进行准确模拟的缺憾，对于理解微观层面的决策如何对宏观社会产生积极或消极的影响具有重要意义。

[②] 仇保兴：《基于复杂适应系统理论的韧性城市设计方法及原则》，《城市发展研究》2018年第25卷第10期。

人体应对病毒感染的过程类似。病毒感染人体后会激活机体的免疫系统，并出现发热等系列症状。疫情等突发公共事件发生后，城市的应急管理政策同样会引发一系列复杂的民生问题。病人的治疗关键在于控制各类并发症，最终依靠免疫系统消灭病毒。城市应对疫情的关键也在于防范疫情导致的各类民生问题，最终依靠封闭隔离、医疗救治来控制和消除疫情。因此，应对突发公共事件需要积极改变政府内部各系统政策"构建块"的组织方式，以统筹管理、避免"孤岛效应"，通过优化城市系统的"内部模型"，防止"非线性"演化突破阈值，导致城市系统进入衰退和停滞状态。积极防范衍生问题、提高城市民生保障能力是打赢疫情防控战的关键，后疫情时代更需要充分利用政府热线完善民生保障体系，形成应对突发公共事件的"抗体"。

第三节　政府热线在危机应对中的价值与独特优势

作为政府部门倾听群众诉求的主要途径之一，政府热线经过多年的发展已经成为创新性的信息和服务平台，可以在突发公共事件应对中发挥危机应对、问题发现、跟踪监测、政策辅助等多重功能。[1] 新冠肺炎疫情期间，南京"12345"热线及时梳理分析疫情中全市面临的各类民生问题，辅助疫情防控，为最终打赢疫情防控阻击战贡献了积

---

[1] 马晓亮、李应春、沈波等：《新冠疫情防控时期广州 12345 政府服务热线的运营对策分析》，《广东通信技术》2020 年第 40 卷第 9 期。

第九章 危机应对：突发公共事件与政府热线的成长之路

极力量。为积极防范疫情衍生的民生问题，回应百姓关心关切，南京市"12345"热线利用政务热线"大数据"，每日关注诉求动态变化，热线中心派专人到疫情防控指挥部驻点，坚持每天将"疫情诉求分析日报"报送给疫情防控指挥部，将群众诉求分类整理，梳理出共性问题，预测民生问题演变趋势，成为指挥疫情防控的重要依据。面对复杂多变的民生问题，疫情防控指挥部这样高度中心化的组织协调机构受制于人员、资源和信息等因素，在指挥协调中往往难以做到面面俱到，更难以对政策措施的衍生问题及时采取措施。政府热线提供的数据能够为指挥体系提供群众需求的关键信息，并结合大数据、云计算、人工智能等前沿技术，有效推动政府管理手段、管理模式、管理理念的创新，从而更有效从容地应对突发公共事件。因此，政府热线在突发公共事件应对中的价值不仅仅在于发现问题，还能够及时跟踪政策措施的实施效果，在应对衍生问题中及时纠偏，并借助热线双向互动的特征向群众及时反馈信息，减少突发公共事件中信息不对称造成的各类问题，可以成为突发公共事件应急指挥的重要辅助力量。政府热线在突发公共事件应对中具有三方面的独特优势。

一是发挥热线数据优势提高在应急指挥中的信息掌握能力。及时掌握各类民生问题、提高突发公共事件中的民生问题感知能力是提高民生保障能力的基本前提。在民生需求识别、民生问题感知方面，调查、走访、座谈等主动方式往往难以发挥作用，政府热线、网络舆情、基层网格等被动方式则凭借客观性、及时性、真实性等优势成为感知民生问题的主要渠道。政府热线的特点在于快捷和高效,在突发公共事件中,群众通过电话就能够及时反映问题,并能在相对较短的时间内得到答复和解决。自下而上的被动数据采集模式确保了政府热线数据具有高度的真实性和可靠性,能够真实反映社情民意。[①]在新冠肺炎疫情防控中,南京疫情防控指挥部专门设置群众诉求回应组,"12345"热线驻点办公,每日汇总民生热点,及时处置民生难题,积极回应市民诉求,应该成为应对突发公共事件的重要经验。此外,政府热线数据具有高度的敏感性。特别是大城市的政府热线诉求规模量大,即使是诉求占比很少的事项,其绝对数量依然可观,能够通过深度分析及时感知民生问题发展趋势。

二是凭借联动部门的优势提高在突发公共事件中的资源协调能力。城市应对突发公共事件的过程犹如轮船在暴风骤雨中航行,应急指挥系统是应对突发公共事件的组织保障,在政策制定和资源协调中发挥决定性作用。政府热线本质上也具有高度的协调功能,作为连接群众和政府的桥梁,政府热线能够延伸至各级政府、部委办局、国有企事业单位等数以千计的承办单位,广泛覆盖城管、市场、卫生、劳动、市政等民生领域。政府热线积极参与应急指挥,有利于及时回应民生关切,精准分配和使用宝贵的各类资源,特别是在物资供应、医疗救助、特殊群体照顾等方面协助优化调整政策和措施,千方百计防止资源挤兑,以全面提高突发公共事件中民生问题解决的组织协调

---

① 张新生、金韦彤:《用好政务热线 解决疫情防控的民生问题》,《群众》2020年第4期。

力度。[1]

　　三是及时感知特殊群体需求提高在突发公共事件中的紧急救助能力。在突发公共事件中，弱势群体往往因为发声能力弱、抗风险能力不足受到更严重的伤害，需要政府在危机应对中予以格外关注。[2]南京"12345"热线数据监测到，新冠肺炎疫情集中暴发容易导致孕妇、老人、残障人士、病人和生活困难群体面临突发性、紧迫性、临时性生活困难。例如，正常医疗服务中断、药房停售、物流不通等多重因素导致病人买药难、就医难，尿毒症患者难以获取透析治疗，隔离和封闭管理措施导致老年人、残障人士生活困难问题增多，孕妇求助诉求增多，恐慌情绪明显增加等。南京"12345"热线在疫情防控中建立了针对老人、病人、残障人士、孕妇等相关特殊群体的关爱机制，从每天海量的诉求数据中单独分离特殊群体求助类诉求，通过每日的疫情诉求分析报告报送疫情防控指挥部，及时为特殊群体的紧急求助提供帮助。

　　政府热线对特殊群体的关爱是新时期政府治理能力的重要体现。尽管孕妇、老人、残障人士、病人等群体诉求量相对较小，但事关群众生命健康和基本生活保障，若处理不当，容易出现"小事件"演变为"大舆情"的潜在风险。在突发公共事件应对中，政府热线对弱势群体诉求的及时感知，有利于为弱势群体提供紧急帮助，使突发公共

---

[1] 张新生、金韦彤：《用好政务热线　解决疫情防控的民生问题》，《群众》2020年第4期。
[2] 刘焕成：《弱势群体的应急信息服务保障机制研究》，《信息资源管理学报》2013年第3卷第3期。

事件应对更加"精细化",让群众在突发公共事件处置中感受到政府服务的"温度",使"危机"转变为提升政府治理能力的"契机"。

第四节　提升政府热线危机应对能力的思路策略

结合历次重大突发事件中政府热线发挥的作用和政府热线的优势来看,依托政府热线强化城市在突发公共事件中的民生保障能力,需要从畅通渠道、协同保障、民生感知等方面强化热线的应急处置能力建设,提高城市内在的韧性水平。

一是分散负荷,保障突发公共事件中民生诉求渠道畅通。政府热线要在突发公共事件中助力危机应对,需要热线系统本身具有充分的"承压"能力,在危机应对中保持诉求渠道的畅通。网络渠道在汇集市民诉求方面具有卓越的效率优势,政府热线在突发公共事件应对中可以积极发挥网络渠道的分流作用。以南京为例,疫情暴发后短时间大量涌入的电话导致热线网络拥堵,电话渠道在超负荷状态下受理市民诉求的数量反而有所下降,电话渠道分担率从平均81%降低到最低时的8.8%,而App和微信等网络渠道在高峰时段发挥了重要的分流作用:App渠道巅峰时段受理量高达9184件/小时,渠道分担率提高到65.2%(峰值);微信渠道巅峰时段受理量达到4996件/小时,渠道分担率提高到42%(峰值)。突发公共事件中政府热线在汇集市民诉求方面的实践表明,App、微信等网络受

第九章　危机应对：突发公共事件与政府热线的成长之路

理渠道在效率方面有极大优势，能够在突发公共事件的民生信息采集中发挥更加积极的渠道作用。

　　二是统筹热线资源，提高跨区域热线协同保障能力。在突发公共事件应对中，加快调集资源、合理分配资源、防止资源挤兑是稳定民生的关键环节，这里的"资源"既包括医疗服务资源、生活物资供应、社区人力资源，也包括政府热线话务资源本身。在突发公共事件中，瞬时的巨大变化容易造成市民各类咨询、救助、投诉等类型诉求全面增加，使热线不堪重负，政府热线被"打爆"本质上是有限的话务资源被挤兑，导致关键时刻群众难以通过热线寻求帮助。因此，城市韧性的提高需要梳理"资源观"，充分运用大数据、人工智能等信息技术提高资源收集、监测和调动能力，精准分配和使用各类宝贵资源，千方百计防止资源挤兑，确保资源"流动"畅通，全面提高突发公共事件中民生问题解决的组织协调力度。[①] 江苏"12345"热线创新构建的"多援一"远程协作体系，实现了热线系统资源跨区域统合，为政府热线应对突发公共事件提供了宝贵经验。

参考案例：江苏"12345"热线"多援一"远程协作体系

　　2021年，南京新一轮疫情发布后的第二天，江苏"12345"热线迅速组织人员驰援南京"12345"热线，首批15名话务人员于中午前到达南京市热线服务现场并参与工作。在南京热线话务量暴增的情况下，省内其他12

[①] 李锋：《运用大数据技术促进国家治理科学化精细化智能化》，《国家治理》2018年第13期。

个地级市在省政务办协同下纷纷驰援，并通过"异地接听"等方式分担话务压力，形成了省级热线协同下的"多援一"远程协作体系。在此后的扬州疫情中，江苏省和徐州、苏州、连云港市"12345"热线远程协助扬州接办群众诉求，助力扬州打赢疫情防控阻击战。[①] 这种"多援一"的协调机制实现了热线系统资源统合和群众诉求跨区接听、协同办理，通过聚零为整、以多胜少，为保障突发公共事件中群众诉求渠道的畅通提供了坚实的制度支撑。江苏"12345"热线本着"一家人、一条心、一个目标"的理念，通过高效率的资源调度，让广大群众第一时间听到党和政府的声音，充分体现了政府热线"连心线""守心线"的价值追求和情怀，成为突发公共事件中政府热线统筹资源的重要探索和标杆典范。

三是善用远程办公，创新热线居家客服和远程办公制度。网络社会中技术创新深刻地改变了许多行业的工作性质和生产的组织方式，并导致工作模式的转变，形成所谓的劳动个性化（Individualization），出现了越来越多的弹性工作者（Flex-timer）。新冠肺炎疫情暴发后，针对热线诉求量增加和话务人员无法按时返岗、接听人员匮乏等情况，杭州、合肥、台州、商丘等城市纷纷尝试热线远程居家办公，将传统的呼叫中心热线客服系统升级为分布式的呼叫中心客服系统。这样可以解决两方面的问题：一是可以实现热线中心的客服座席人员由集中变为分散，以减少

---

① 新华网:《江苏12345热线建成"多援一"远程协作体系》，http://www.js.xinhuanet.com/2021-08/12/c_1127755640.htm。

聚集性风险，防范疫情期间客服人员大量集聚导致的病毒扩散风险；二是可以实现客服人员远程居家办公，减少因为外部或个人原因导致的无法参与热线工作的情形。远程接听提高了政府热线的服务应急响应能力，可以随时应对突发公共事件的发生。在后疫情时代，"居家客服＋远程办公"模式可以突破工作时间、工作地点和出勤方式的限制，为热线客服人员提供更加自由的工作模式选择，成为政府热线管理中的"常备方案"。

四是强化民生感知，形成多元融合的民生问题发现机制。提高感知能力是应对突发公共事件的基本前提。复杂适应系统理论认为"标识"①在系统的演化过程中起到重要的引领作用，会帮助目标不明确的主体进行筛选和辨别，推动主体向"标识"目标做出选择②。在民生需求识别、民生问题感知方面，调查、走访、座谈等主动方式往往难以发挥作用，政府热线、网络舆情、基层网格等被动方式凭借客观性、及时性、真实性等优势成为感知民生问题的主要渠道。在面对突发公共事件时，应急指挥系统可以借助政府热线及时掌握各类民生问题、提高突发公共事件中的民生问题感知能力，及时处置民生难题，积极回应市民诉求，应该成为应对突发公共事件的重要经验。在应对突发公共事件时，城市韧性的提升需要建立多元融合的民生问

---

① "标识"是复杂适应系统理论的重要概念，"标识"帮助主体在环境中识别和选择不同的主体或目标进行聚集，促进选择性相互作用与合作，促进了组织结构的产生，突发事件中的民生问题演化需要分析主体、环境及其他主体的识别特征并进行分层归类。
② 约翰·H·霍兰：《隐秩序：适应性造就复杂性》，周晓牧、韩晖译，上海世纪出版集团，2011。

题发现机制（见图 9-2），强化网络舆情、市民诉求、网络信息等被动感知渠道的信息汇总分析能力，形成常态化的分析预警机制，在时间维度上"打提前量"，做到民生痛点及时掌握、突发问题及时应对、演变趋势提前预判，才能实现突发公共事件中对民生问题从被动应对到主动作为的转变。

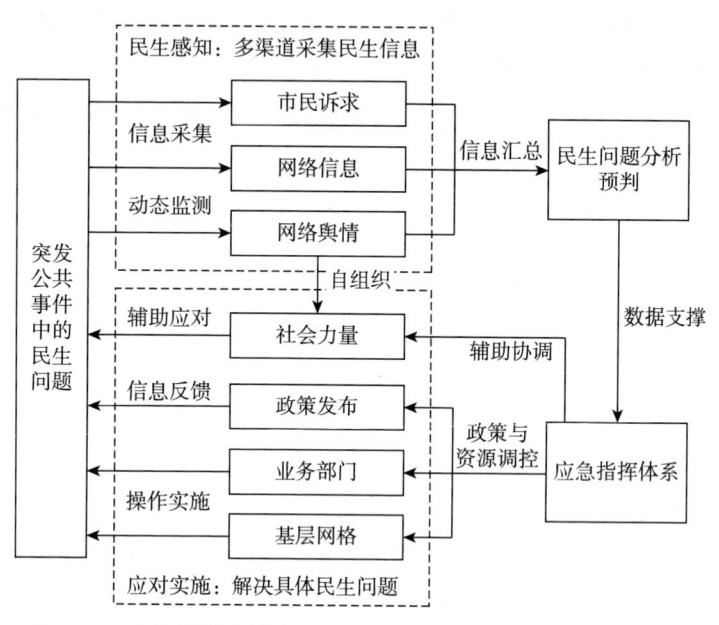

图 9-2 突发公共事件中民生感知与民生保障体系的运作模式

第十章

社会监督：科学评价提升政府工作绩效

> 我们已经找到新路，我们能跳出这周期率。这条新路，就是民主。只有让人民来监督政府，政府才不敢松懈。只有人人起来负责，才不会人亡政息。
> ——毛泽东[①]

政府热线不仅架起了政府与群众相互沟通的桥梁，发挥了知晓民意、解决民众诉求的作用，同时也为政府部门的工作监督和绩效管理提供了有效平台[②]，监督并确保公

[①] 参见1945年7月毛泽东同黄炎培谈话，即著名的"黄炎培之问"。抗战胜利前夕，著名人士黄炎培到延安考察，直言向毛泽东道出自己的担忧，毛泽东坚定地回答他："我们已经找到新路，我们能跳出这周期率。这条新路，就是民主。只有让人民来监督政府，政府才不敢松懈。只有人人起来负责，才不会人亡政息。"黄炎培认为："这话是对的，用民主来打破这周期率，怕是有效的。"

[②] 汤啸天、李晶：《从"互联网+"看上海市民服务热线的发展与完善》，《人民法治》2015年第12期。

众的咨询、建议、投诉等得到政府相关部门及时、充分和高度的重视与回应是政府热线发挥的重要作用之一，政府热线也因此成为广大群众进行社会监督的重要渠道。

第一节　在实践中不断优化的政府热线监督

随着社会的不断进步，群众的民主意识、法治意识、维权意识不断增强，对公平正义的渴望比以往任何时候都更加强烈。作为工作考核的依据，政府热线数据集中体现了群众诉求、市民不满，能够反映一个地区或部门的工作效率、服务质量等。将政府热线获取的群众诉求数据进行分析和统计，就可以在识别群众服务需求的基础上，推动政府部门解决问题、提升绩效，辅助政府对基层行政部门进行绩效管理。[①] 通过挖掘政府热线的潜在信息，揭示各诉求受理单位的历史及社会绩效差距，以绩效排名传导压力，倒逼属地和行政部门千方百计解决老百姓的问题，形成积极主动解决群众诉求的惯性，促使基层政府显著提升绩效。这种机制表明政府热线能够发挥绩效反馈机制和竞争工具的作用，促进政府热线从最基础的信息传递渠道转变为基层政府绩效考核的平台，有力带动政府部门为民办事和为民解忧。

政府热线的社会监督作用在成长中不断完善。中外政府热线的发展都表明，热线的建立有利于组织内部的监督

[①] 马亮：《数据驱动与以民为本的政府绩效管理——基于北京市"接诉即办"的案例研究》，《新视野》2021年第2期。

第十章　社会监督：科学评价提升政府工作绩效

问责。以美国费城"311"热线为例，费城"311"热线与 PhillyStat[①] 会议相结合，能够有效跟踪、评估市民诉求，并在必要时纠正部门的服务模式。PhillyStat 会议主要从运营、人力资源、财务预算、技术、客户服务五个方面进行评估，既包括针对市长的工作目标和成果的高级别审查，也包括对个别部门或机构的业务审查。"311"热线与 PhillyStat 会议的组合提高了数据和信息的透明度，从而形成了一种问责文化。国内政府热线的社会监督功能很早就开始出现，如广州市长电话设立之初，广大市民就可以通过政府热线反映公职人员以权谋私、推诿扯皮、违法乱纪等不良行为问题，为纪律监督部门提供重要线索。1987年10月，《南风窗》杂志社对读者如何看待广州的民主建设进行了一次民意调查，结果市长电话得票最多，被认为是广州民主建设的最大进展之一。[②] 2011年南京"12345"热线成立后，市督查办在热线中心设置了督查中心，由市督查办安排干部专门负责热线后台管理和督办工作，并建立了首接负责、退单监督、时效监管、质量监管、应急处置、考评考核、督查督办、一事一议等 10 余项制度规范，还牵头与市编办、市法制办等建立了疑难诉求事项责任认定联席会议制度，及时对不作为、慢作为、假作为的承办单位及公职人员进行问责督办，较好解决了部门间推诿扯

---

① PhillyStat 是费城的一项绩效管理项目，由管理总监和财务总监合作主持，在 PhillyStat 每季度的绩效管理例会上，市领导会审查部门绩效指标和市长战略目标的进展。
② 徐小、刘卓安、袁光厚等:《设立市长电话之后》,《瞭望周刊》1988年第 44 期。

皮、职能交叉、管理空白等问题。[①]到2019年，北京市探索实施的"接诉即办"公共服务投诉机制将热线的社会监督功能进行了系统化的提升。北京作为中国的首都，其政府热线建设走在全国前列，近年来通过改革在热线数据挖掘、行政资源下沉、基层赋权等方面不断创新，显著提升了政府的社会治理能力。[②]"接诉即办"开启了以政务热线数据驱动各级政府绩效考核的新模式，有力推动了城市治理绩效的行政问责、公众监督和持续改进，成为政府热线运用于基层政府绩效考核的典型代表。

参考案例：北京市"接诉即办"工作机制与政府绩效考核[③]

2018年以来，北京市政府大力推广"吹哨报到"机制[④]，以化解执法过程中乡镇和行政部门间权责匹配不合理、协同机制不完善等传统治理难题。2019年，北京市政府推出"接诉即办"工作机制，期望以"12345"热线为抓手，推动跨部门协调、跨层级联动。"接诉即办"将各行政部门热线统一整合到"12345"热线中，实行"一

[①] 吴国玖等：《政务热线：提升城市政府治理能力的有力杠杆——以南京市"12345"政府公共服务平台为例》，《现代城市研究》2014年第7期。

[②] 赵金旭、王宁、孟天广：《链接市民与城市：超大城市治理中的热线问政与政府回应——基于北京市12345政务热线大数据分析》，《电子政务》2021年第2期。

[③] 马亮：《数据驱动与以民为本的政府绩效管理——基于北京市"接诉即办"的案例研究》，《新视野》2021年第2期。

[④] 即"街乡吹哨、部门报到"机制，起源于北京平谷区，后经北京市委的宣传和推广，被北京市各区结合自身实际情况进行完善。"吹哨报到"机制赋予基层组织"吹哨"的权利，使其能够在需要时请上级部门"报到"，以帮助协调解决棘手的问题。

号对外",再由热线中心汇总民众诉求,以工单的形式派发给相应的街乡镇。街乡镇通过"吹哨报到"工作机制迅速处理诉求,区政府同时接到派单,负责督导工作。市民热线中心基于热线的接听和回复数据,采取电话回访的方式及时跟进诉求工单的办结情况,对受理单位的联系情况、诉求解决情况和诉求人满意情况进行量化评价,最终形成接诉回应率(处理市民投诉的比例)、问题解决率(解决市民投诉的比例)和群众满意率(市民满意的比例)三个绩效考核指标。市政府据此将监测对象分为四类:先进类、进步类、整改类和治理类。基于考核指标,市委书记在每月月底召开区委书记月度点评大会,对本月全市的16个区333个街乡镇以及主要职能部门的工作情况进行考核排名和工作点评。排名靠前的先进类、环比进步幅度大的进步类、排名靠后的整改类和市民诉求量靠前的治理类都会被点名。[1]北京市"接诉即办"工作机制形成了"双反馈"和"多节点"的特征,在市民诉求、热线派单、基层处置、结果反馈、满意度调查等多个环节中积累流程数据,使"接诉即办"可以基于"三率"考核进行"四类"排名,实现了绩效管理的闭环运行,从而推动政府绩效的提升。

经过近四十年的发展,政府热线的社会监督功能有了大幅提升。在不少城市,政府热线已经成为基层政府绩效考核的重要指标来源。有研究表明,96.2%的"12345"热线部门对相关承办单位的诉求办理情况具有督办权,督

---

[1] 王程伟、马亮:《绩效反馈何以推动绩效改进——北京市"接诉即办"的实证研究》,《中国行政管理》2020年第11期。

办方式主要有短信催办、电话督办、书面督办、现场督办、领导批办、媒体联动督办、会议协调督办等。77%的"12345"热线部门对相关承办单位具有绩效考核权，可以基于工单办理情况、知识库建设更新、群众满意度等指标对承办单位的绩效和政风行风进行考核，在督促承办单位及时有效地处理并落实群众诉求方面具有一定影响力。[①]

第二节 政府热线社会监督功能的科学化

政府热线的社会监督功能需经过缜密的科学设计，简单粗放地运用也可能导致这种监督功能的异化。在正常的逻辑下，政府热线按照标准化的流程运作，上级政府依靠群众诉求满意率和行政压力推动基层政府或职能部门为群众提供有效的服务。然而在现实的运作实践中，不同行为主体存在各自的考虑，在互动中呈现出复杂的博弈关系。这种复杂的博弈关系导致政府热线数据在对政府部门进行监督和绩效考核时也面临诸多挑战。政府热线的数据来源于"自下而上"的诉求，与政府绩效考核中"自上而下"的管理机制有明显的不同，两者之间的偏差往往容易导致监督和绩效评价的扭曲，主要体现为以下三个方面的矛盾。

一是工作复杂性与考核单一性的矛盾。基层工作具有高度复杂性，部分群众诉求往往涉及政策限制、历史遗留问题以及复杂的个体利益，简单地通过响应速度和满意率

---

① 郑跃平、梁春鼎、黄思颖：《我国地方政府政务热线发展的现状与问题——基于28个大中城市政务热线的调查研究》，《电子政务》2018年第12期。

等指标并不能完全反映真实的基层工作效率。在"考核排名""末位问责""一票否决"等高压考核标准下,部分地方政府不可避免地产生追求高绩效的冲动,容易产生就事论事、治标不治本的惯性思维,甚至转而以数字游戏等方式弄虚作假,浪费宝贵的基层资源。例如,雷望红在乡村"12345"热线实践研究中就发现,部分基层干部为平衡热线评价数据,亲自或鼓动亲友拨打"12345"热线并回复满意,从而将不满意工单抵消,达到提高满意率的目的。①这种"作弊"的做法,不仅浪费了宝贵的热线资源和行政资源,还使基层群众对政府热线丧失了信心。由于不少地方政府热线是由政府信用背书的,这种行为更间接影响了基层群众对政府的信任度。简单粗暴地过度追求群众满意度的危害不容小觑,所谓"100%"的群众满意率往往既不符合客观事实,也不利于基层工作的改进,以政府热线数据推动政府绩效提升必须要始终建立在实事求是的基础之上,设计更加科学并符合地方实际的监督评价体系。

二是诉求局部性与工作全面性的矛盾。群众诉求具有典型的"问题导向",与面向全民的抽样调查不同,群众诉求往往更聚焦于其身边的问题、关注的问题和利益相关的问题,大多数诉求往往集中在小区物业、消费维权、交通出行、教育医疗等热点社会民生领域。而基层政府的工作不仅涵盖社会民生,还包括发展经济、保障就业、安全生产等更多内容,仅以热线数据考核政府绩效存在一定的

---

① 雷望红:《被围困的社会:国家基层治理中主体互动与服务异化——来自江苏省 N 市 L 区 12345 政府热线的乡村实践经验》,《公共管理学报》2018 年第 15 卷第 2 期。

偏差，在实际操作中需要辅以其他维度的数据。

三是地方差异性与考核一致性的矛盾。不同地区群众对政府服务的期望也存在明显差异，即使是同一座城市的不同地区，由于人口构成、经济发展、地方文化等差异，群众对政府绩效的评价也会存在偏差，而政府绩效考核往往建立在统一指标的基础之上。例如，通常人口集中的行政区矛盾会更加突出，大城市的远郊区县较中心城区群众满意率偏高，这些地区差异往往导致政府绩效考核难以兼顾公平。因此，政府热线在促进社会监督和政府绩效提升方面，需要坚持"实事求是"和"因地制宜"，逐步提升政府热线数据应用的科学性，推动政府热线和基层政府绩效管理的可持续互动。

这些矛盾的存在并非是要否定政府热线的社会监督功能，恰恰相反，它要求我们制定一种更加科学、合理的监督评价体系。这种监督评价体系的建设不是一蹴而就的，而是要能够适应新形势、新任务和新需求，在评价的形式、手段和方法上不断完善和创新，更要符合地方经济社会发展的实际，才能够有效促进政府各部门改进作风、提高效能。针对热线监督本身存在的结构性矛盾，政府热线还可以发挥联系群众的优势，邀请热心市民、志愿者、基层工作者作为"群众监督员"，实现最广泛的群众监督。同时，热线监督评价的过程和结果也需要公开和透明，如杭州"12345"热线定期发布效能指数，既能有效推动政府部门履职，也能回应群众关切，让热线监督能够经得起群众的检验。①

---

① 黄莉：《杭州"12345"出新招 测评网络单位"效能指数"》，http://zjnews.zjol.com.cn/zjnews/hznews/201705/t20170528_4067543.shtml。

参考案例：杭州"12345"热线"效能指数"

杭州"12345"热线为实现"事事有回音、件件有着落、环环可监督"的工作目标，建立了"效能指数"测评机制，力求全面科学地评价网络单位的办理实绩。全面升级改造"12345"统一平台信息系统，按照"系统全生成、过程全公开、结果全可查"的原则，对按时响应反馈率、按时办结率、综合满意率、重复交办率、续报率按不同权重进行组合，形成"效能指数"并确定基本达标值，即效能指数＝按时响应反馈率×15%＋按时办结率×15%＋综合满意率×50%－重复交办率×100%－续报率×50%，达标值为70分。市政府每月对网络单位办理情况的"效能指数"进行测评，纳入全市综合考评，并通过钱江晚报、杭州日报、杭州发布三家媒体向社会公布，接受市民群众的评判监督。同时，对"效能指数"不达标且排在最后三位的网络单位给予"黄牌预警"，并抄送该单位的主要领导，以此压实事权单位办理的主体责任，用"最多投一次"助力"最多跑一次"改革落地见效。

第三节　政府热线监督面临的挑战与制度化建设

政府热线的社会监督功能不足是地方实践面临的普遍问题。[1]在不少城市，政府热线仍然是一个尴尬的部门，

---

[1] 郑跃平、梁春鼎、黄思颖：《我国地方政府政务热线发展的现状与问题——基于28个大中城市政务热线的调查研究》，《电子政务》2018年第12期。

即使是当年的"市长热线"靠着"市长"身份的背书也未必能够做到件件落实，如今的"服务热线"更难调动同级别甚至更高级别的职能部门来认真办理群众诉求。在外界看来，政府热线具有监督政府部门工作的功能，以"人民的名义"可以监督政府部门履职。实际上，不少城市政府热线的社会监督功能却远不完善，热线可以倾听和记录市民的诉求，并向相关部门和基层单位"派单"，但更多只是作为协调和转接机构，并不能直接对相应的职能部门进行监督考核，最终还是得依靠政府领导的权威。当遇到疑难问题而推诿扯皮时，各个部门都能拿出所谓的"规章"和"制度"，导致实际协调和督办难度极大。热线时常也要受"夹板气"，不仅要在市民反复投诉时进行情绪安抚，还要承受来自基层和职能部门的抱怨。2004年新浪网报道的一段郑州政府热线负责人的采访颇具代表性。

在处理问题时，司法机关和纪检监察部门有国家的宪法和法律作依据，而市长电话在这方面却缺少一把"尚方宝剑"。市长电话的工作成效更多地取决于各地党政领导的重视、支持力度和市长电话工作部门的努力，受理的各类市民投诉都是通过政府各职能部门办理完成的。但我们不能直接介入处理，对所涉及的职能部门不作为、慢作为、作为差、乱作为的行为缺乏必要的处置措施和手段，使市长电话在一定程度上形成服务真空，有时甚至带来市民信任危机。

——郑州市政府办公厅市长电话室的一位负责人的采访[①]

[①] 中国青年报：《部分城市市长专线电话为民服务难落实处》，https://news.sina.com.cn/c/2004-12-05/14574438989s.shtml。

第十章 社会监督：科学评价提升政府工作绩效

有制度不执行比没制度更可怕。2016年人民网刊登了一篇题为《政府热线不能成公开的"聋子"》的文章，对某些"不作为"的政府热线发出了灵魂拷问。[①] 文章说，如今向政府部门反映情况、表达意见的渠道不少，各地政府现在都办有留言板和投诉用的网站，都开设有官方微博、官方微信，形成意见征集、舆论沟通的新媒体矩阵。但人们发现，不少政府部门在新媒体平台上对待意见建议的态度和热线电话一样"冷淡"。政府网站无人打理，名存实亡；投诉建议无人收集回复，连做做样子都懒得；微博平时贩卖"心灵鸡汤"，到了该回应民意的时候却玩失踪；微信只谈政绩不讲问题，对网友后台留言视而不见……凡此种种，都是公开当"聋子"的表现。热线不热、政务微博"不务正业"，公开的沟通渠道难畅通，怎能不伤百姓心、损政府形象？

政府热线作为沟通政府和群众的渠道，"难打通、难沟通、难办事"等现象本质上还是没有把群众利益放在心上，本质上都是服务理念的缺失。如果政府热线有名无实、形同虚设，不仅无法发挥积极作用，更会辜负群众期待，浪费社会资源，有损政府的公信力。因此，政府热线必须从制度上强化监督机制建设，通过监督、考核、问责等措施推动政府部门认真履职，坚决避免政府热线流于形式，切实发挥政府热线的社会效益。

令人欣喜的是，政府热线的监督功能在制度上正逐步得到明确。一些城市主动将政府监督热线纳入"12345"

---

① 魏英杰：《政府热线不能成公开的"聋子"》，http://opinion.people.com.cn/n1/2016/0517/c1003-28358031.html。

185

热线，如上海"12345"热线设立后就将政风行风监督热线纳入"12345"热线体系，提高了政府热线监督的权威性。2019年，国务院办公厅发布的《关于建立政务服务"好差评"制度 提高政务服务水平的意见》（国办发〔2019〕51号）提出要全面及时准确了解企业和群众对政务服务的感受和诉求，接受社会监督，有针对性地改进政务服务，提升政府工作效能，优化营商环境，建设人民满意的服务型政府，其中热线电话是主动接受社会各界综合点评、提出意见建议的重要渠道。2020年，国务院办公厅发布的《关于进一步优化地方政务服务便民热线的指导意见》（国办发〔2020〕53号）更加明确了热线的社会监督功能主要体现在三方面：一是加强对诉求办理单位的问题解决率、企业和群众满意率等指标的综合评价，完善绩效考核机制，不断提升热线归并后的服务质量和办理效率；二是针对办理质量差、推诿扯皮或谎报瞒报、不当退单等情形，按照有关规定进行问责和通报；三是要加强社会参与。政府要健全"12345"热线社会监督机制，推动开展"12345"热线服务效能"好差评"工作。

参考案例：上海"12345"热线与政风行风测评机制

政风行风测评是掌握各部门、各行业政风行风建设情况，考核部门和行业的有效抓手。2012年上海"12345"市民服务热线成立后，将政风行风监督热线"962114"并入"12345"热线，增强了热线监督的权威性。热线中每一个诉求本质上是群众对政府部门的期待，政府部门对诉求的办理程度是群众评价政府效能的重要指标。上海政府作风监督部门将"12345"热线的群众诉求纳入工作重点，关注政府部门履行职责、解决群众诉求的情况。监察部门与热线办联合建设"12345"群众满意度回访测评系统，分析群众对诉求解决的满意程度，纠风部门定期组织市政风行风监督员、特邀监察员对群众诉求解决情况进行抽查和监督，有针对性地分析政府各部门的履职程度，从而对政风行风进行科学评价。

第四节 媒体联动放大政府热线监督实效

政府热线的优势在于其可以广泛连接多方主体，提升热线的社会监督功能就是要尽可能协调各方力量来共同参与社会监督。政府热线要善于调动政府内部组织的协作：在涉及政府作风等问题上强化与纪检监察部门的协作，推动政府部门作风的持续改善；在监督履职方面积极与人大、政协部门协作，邀请人大代表、政协委员参与民生工作监督；在宣传和媒体方面积极与电视、广播、网络等各类媒体协作，通过对市民反映的热点、难点问题进行跟踪报道，推动疑难问题解决，充分发挥媒体的监督作用。政府热线的社会监督功能不是否定政府部门在法治政府建设上的努力和成效，而是建设性的监督，就具体事项为政府部门工作查漏补缺，以更好地推动服务型政府建设。

部分地区将政府热线与媒体热线等进行充分联动，这种"叠加效应"进一步放大了热线监督的社会功能。在政府热线的基础上增加新闻媒体的跟踪报道具有四方面突出价值：一是政府热线采集的信息是新闻媒体报道的重要素材来源，源于现实生活的素材更容易引起舆论的共鸣；二是媒体对政府热线的报道有助于提升政府形象，扩大政府热线的公信力和影响力；三是将群众监督和舆论监督有机结合，推动疑难问题的解决；四是对典型案例的宣传有助于防范类似问题再次发生。

经过多年的发展，政府热线与媒体联合推出的民生热线类节目仍是各地新闻广播的重要组成部分。特别是党风政风行风热线类节目依然能够发挥媒体覆盖面广、传播速度快、互动性强的优势，在以电话为主要媒介的政府热线之外，发挥着加强政府与群众之间理解和沟通的桥梁作用。例如，2012年江苏省就明确提出，要形成"12345"政府公共服务平台与行政便民服务平台、政风行风热线等对接联动的政务服务格局。[①] 江苏"12345"热线与"政风热线"栏目联动，以"接受群众监督、畅通群众诉求、纠正不正之风、构建和谐江苏"为宗旨，督促政府部门积极履职。多渠道融合的综合监督机制在传统的行政监督系统基础上持续放大政府热线的社会监督功能，形成了内部监督与外部监督相结合的全方位社会监督体系。[②]

参考案例：联动政府热线的江苏"政风热线"

江苏省"政风热线"栏目于2003年9月创立，近二十年来始终是当地社会和媒体监督方面的响亮品牌，并随着

---

① 参见江苏省人民政府办公厅：《省政府办公厅关于加快推进全省"12345"政府公共服务平台建设的指导意见》(苏政办发〔2012〕48号)。
② 江苏省政务服务管理办公室：《江苏12345发布2021年政务热线"十件实事"》，http://jszwb.jiangsu.gov.cn/art/2021/1/26/art_71871_9654429.html。

媒体改革不断实现新的提升和跨越。以媒体思维发现问题，以群众视角反映问题，让媒体监督和群众监督优势叠加，推进政府改进工作作风，是"政风热线"栏目的鲜明特色。在选题上，"12345"热线的群众诉求是重要的来源，栏目通过在江苏"12345"热线成立媒体工作室，建立"12345"热线典型诉求与各媒体栏目组诉求互通共享的机制，实现诉求受理全天候、选题来源广渠道，为栏目选题提供"源头活水"。时至今日，"政风热线"栏目在促进机关作风建设、化解社会矛盾、构建和谐江苏等方面仍然发挥着党委政府和人民群众"连心桥"的作用。

第四部分

面向未来：关于政府热线的思考与展望

在互联网、大数据、人工智能技术迅速发展的今天，网络在社会生活中的作用和地位逐渐提高，也越来越成为党和政府了解民意的重要方式。从意见箱、来信来访、市长公开电话、媒体热线、行业热线、网络问政到多渠道、集成化、综合性的"12345"热线，未来政府热线的形态或许会发生翻天覆地的变化，但党和政府倾听民声、走群众路线的优良传统和作风始终不会改变。在新理念和新技术的加持下，政府热线的发展必将迎来更加精彩灿烂的篇章。

第十一章

理性审视：对政府热线发展方向的思考

> 一个僵化的社会制度，不允许冲突发生，它会极力阻止必要的调整，而把灾难性崩溃的危险增大到极限。
> ——刘易斯·科塞[①]

经过近四十年的发展，政府热线的功能已经远远超出了"政府—市民"信息沟通渠道的范围，衍生出复杂的应对社会问题的功能和机制。在经济社会持续快速发展、大数据和人工智能技术不断涌现的今天，政府热线制度可以在一定程度上解决部分因制度缺失而出现的问题，但政府热线本身也面临一系列亟待破解的问题和挑战。

---

① 刘易斯·科塞（Lewis Coser）是德国著名的社会学家，他认为社会冲突同时具有正功能和反功能，社会冲突不仅仅是起分裂作用的消极因素，还可以增强特定社会关系或群体的适应和调适能力，在群体和其他人际关系中承担起一些决定性的功能。政府热线是感受社会矛盾和冲突的重要机制，用好政府热线对提升社会治理能力具有重要价值。

第一节 警惕政府热线认知的常见"误区"

信任是政府热线制度长久存在的基础。政府热线制度能否长期发挥作用首先取决于群众对热线的信心以及参与程度。社会各界对政府热线既有积极评价，也有少数质疑的声音。例如，有观点认为政府热线会导致市民产生依赖心理，绕过基层组织转而向上级政府寻求帮助，不利于良性基层治理生态的形成。[①] 此外，还有观点认为政府热线容易鼓励"按闹分配"，不利于法治社会的建设，导致政府管理职责泛化，管了太多不该管的问题，增加了政府负担，等等。从政府内部视角来看，政府热线是政府面向群众的服务窗口，与实际办理群众诉求的具体职能部门隶属于不同的业务线，工作思路和部门利益并不完全一致。不同政府部门在处理群众诉求时也会出于部门自身利益，借行业领域的"规定""规章"来敷衍塞责或推诿扯皮，消极应对群众诉求。更严重的是，对政府热线定位的错误认识可能导致负面的社会影响，进而影响政府热线制度的健康发展。要警惕以下几种认知误区。

一是政府热线"无用论"。2021 年 11 月，中国青年报报道《衡水一居民拨打政务热线后的遭遇》[②]引发全网热议，一位居民打了 3 次"12345"政务热线和 20 多次政府

[①] 雷望红：《被围困的社会：国家基层治理中主体互动与服务异化——来自江苏省 N 市 L 区 12345 政府热线的乡村实践经验》，《公共管理学报》2018 年第 15 卷第 2 期。

[②] 耿学清：《衡水一居民拨打政务热线后的遭遇》，《中国青年报》2021 年 11 月 25 日。

第十一章　理性审视：对政府热线发展方向的思考

部门值班电话后问题不但没有得到反馈，反而听到了一段令人难以置信的答复。当地高新区建设局一位工作人员对他说，"只要打12345的人，基本上这个人就是废了"，并称"打12345的这些人没有一个办成（事）的"。尽管事后高新区对该工作人员的错误言论进行了处置，但该事件却反映出部分基层政府部门工作人员对政府热线定位和认识的严重偏差。如果政府系统内部都不认可"12345"热线的功能和价值，又如何让群众对政府热线产生信任？因此政府热线制度的发展首先要在政府系统内部明确定位、统一认识，强化为群众服务的意识。

二是群众诉求"负面论"。作为以受理群众诉求为主要工作的单位，政府热线常常与"投诉"紧紧联系在一起，被认为是反映"问题"的单位，受理的都是"揭短"的"负面"信息。很多人并不清楚，其实不少城市的政府热线中"咨询类"诉求占比更高，热线还发挥着重要的资讯服务功能；即使是"投诉类"诉求，也未必都是对职能部门的批评，还包括弱势群体的求助和市民对某些问题的建议。这种观念上对政府热线定位根深蒂固的偏见，导致部分基层政府部门将群众诉求当作"问题"来对待，在实践中往往存在抵触情绪，难以静下心来分析问题的成因，更难形成"服务"的理念，甚至当"问题"难以解决时，部分承办单位还试图掩盖问题，导致社会矛盾激化，演变成群体事件。

三是群众满意"绝对论"。群众满意度是衡量政府热线工作的重要指标，不少地方政府热线在群众满意度上追求要达到100%。这种思路的初衷无疑是美好的，但并不

195

符合热线工作的实际，容易诱导基层单位和部门弄虚作假。在具体的经济社会活动中，人的诉求是高度复杂的，并非所有的诉求都是合理合法的，不同人的诉求甚至是相互矛盾的。在基层实践中，有些满意是"讨"来的，为了满意违背了依法行政的原则；有些满意是"换"来的，通过小恩小惠换取当事人满意；有些满意甚至是恐吓来的，"没法解决问题，就解决提出问题的人"，这些行为都从根本上扭曲了为人民服务的初心。群众的满意必须是干出来的。群众到底是不是真满意，关键在于各级干部能不能真正沉到基层去，能不能真正跟群众想在一起、干在一起。群众满意是热线工作追求的目标，政府热线和承办单位可以用100%的投入来解决群众遇到的"急难愁盼"问题，但实事求是应该始终是政府热线坚守的原则，绝不能为了所谓的100%满意度而弄虚作假、自欺欺人。群众满意度是热线工作成效的"晴雨表"，但盲目追求百分比的虚假满意度，就变成了"烟幕弹"，反映不了真实民意，成为当代的"掩耳盗铃"。

四是热线制度"补救论"。有部分观点认为政府热线是一种补救制度，是转型期政府体制内有效制度缺乏下的制度补救，是一项改进型的制度安排[①]，无法根本解决社会问题，且通过政府热线处理问题的过程较为被动。这种对政府热线的认识在政府热线发展的早期无疑是正确的，那时的政府热线确实更偏向于是一种补救制度。但经过近四十年的发展，政府热线已逐渐成为渠道多元、功能多样

---

① 汪锦军、徐家良：《转型期政府体制内的制度变迁——对杭州市市长公开电话的制度分析》，《中国行政管理》2002年第3期。

的现代制度体系，凭借现代化的数据分析手段已经可以实现对部分领域问题的科学研判，能够对苗头性、趋势性、周期性问题进行预判和预警。

第二节　厘清政府热线服务的范围与边界

大城市群众诉求规模逐年增加是近年来政府热线从业者普遍感受到的趋势。除了城镇化和人口向大城市集中以外，还有两方面原因：一方面是群众维权意识的提高。塞缪尔·亨廷顿认为，在社会转型中民主意识的增强会促使人们向政府提出各种要求，需要政治参与的扩大以满足这些要求。[①]受思想观念开放、教育程度提高、对外交流增多等因素的共同影响，群众的公共服务需求逐步增加，对优质公共服务的期待也明显提高。另一方面，政府在市场化和简政放权改革中逐步转变职能，向服务型政府转变，原本由政府直接管理和提供的公共服务更多转由市场化机制提供。伴随着经济社会的快速发展，网络购物、共享交通、互联网理财等新事物及新问题不断涌现，"老传统"叠加"新问题"导致政府热线受理范围不断扩大。群众对政府"全能性"的期待与政府提供服务"有限性"之间的矛盾，共同推动了诉求规模的逐年增加。

政府热线的发展要坚持政府行为原则，既不能大包大揽、无限扩大政府热线的功能，又要体现尽力而为、以人

---

① 塞缪尔·亨廷顿：《变动社会中的政治秩序》，张岱云等译，上海译文出版社，1989。

为本的服务型政府担当。近年来，国家层面多次发布政策措施，加强和完善政府热线建设，不断拓宽政府热线的服务范围，除了接受群众及企业对公共服务信息的咨询和求助外，还要接受其对公共服务不满的投诉，实际上扮演了行政机关"总客服"的角色。"客服"的定位意味着政府热线的职权和服务范围是有限的，涉及具体职能部门主管、负责的领域，政府热线需要转成"工单"并派单给具体的职能部门，热线并没有直接干预处理过程的权力。政府热线不是万能的，也会遇到涉及客观因素无法在正常期限内解决的问题。这些客观因素造成的疑难诉求给各地政府热线带来了诸多困扰，不少地方政府在尝试现场督办、部门联办等方式后仍然无法解决时，往往采取类似"终审"的制度，也有部分地方政府对客观原因造成的疑难诉求采取延期解决的方式，如广州"12345"热线的复杂事项挂账办理机制，针对确因城市规划、国家重点项目、重大活动、重点工作等客观因素难以在正常办理期限内解决的事项，可由市级各部门、各区政府出具有关证明材料（经单位领导审批同意），向"12345"热线提出挂账申请。申请通过后，承办单位应提交阶段性办理情况、下一步工作计划并告知诉求人。挂账事项办理期间，同一诉求不再形成新事项转办，仅以追加提醒方式告知承办单位有关情况，挂账事项办结归档后其满意率不纳入热线考核。[①]2020年，国家层面明确了政府热线受理范围，即企业和群众的各类非紧急诉求，包括经济调节、市场监管、社会管理、公共服

---

① 参见《广州市进一步优化政务服务便民热线工作方案》（穗府办函〔2021〕59号）。

务、生态环境保护等领域的咨询、求助、投诉、举报和意见建议等，不受理需通过诉讼、仲裁、纪检监察、行政复议、政府信息公开等程序解决的事项和已进入信访渠道的事项，以及涉及国家秘密、商业秘密、个人隐私和违反社会公序良俗的事项。①这从制度上明确了政府热线与司法、行政、信访等制度的边界，为疑难诉求的界定、疏导和解决提供了重要依据。总的来说，热线工作一方面要对政府职权范围之内的事项做到"件件有着落"，使每一项工作都体现政府执政为民的高度责任感，另一方面也要对超过政府职责的事项做好引流和疏导，有效引导群众预期。

第三节 破解政府热线发展的制度性障碍

政府热线的机构设置和制度改革是热线从业者普遍关心的问题。政府热线要为群众排忧解难不仅需要热线自身积极作为，更离不开体制机制建设。各地在政府热线建设探索中，受行政机构设置、经济社会发展水平、公众认知等条件影响，政府热线在行政隶属上有较大差别，组建方式也有很大差异。政府热线经过近四十年的发展，仍然是一种以地方为主体的制度体系，大多数地方政府热线只是受理群众诉求的平台，本身不具备行政职能。②不同城市的政府热线性质差异很大，工作人员身份既有公务员也有

---

① 参见《国务院办公厅关于进一步优化地方政务服务便民热线的指导意见》（国办发〔2020〕53号）。
② 王尉玲：《"市长热线"问题与对策研究——以哈市为例》，硕士学位论文，黑龙江大学，2015。

事业编制，也有的是混合用工，还有些城市则是完全市场化，将热线的职能外包给若干个专业公司。若地方主要领导重视，热线的规格就相对较高，运行效率也相应较高。不少政府热线由于层级相对偏低，缺乏对外整合相关部门协同工作的机制和权威。① 还有部分城市依然维持着"市长热线"的运行模式，完全依靠主要领导的重视来推动和开展工作，遇到主要领导重视不足、牵头部门督导不力等情况时，热线发展就陷入"权威性"不足的困境。政府热线部门层级不高、缺乏联合多部门的统筹协调能力是制约热线解决群众问题的重要制度障碍。针对这样的困局，不少城市试图建立常态化的跨部门协调机制，如广州"12345"热线的争议事项联合审定机制。总体而言，政府热线组建方式的差异客观上造成了热线的定位不清晰、受理事项不统一、权责关系不明确、统筹协调力不足，这已经成为影响政府热线发展的重要制度因素。

参考案例：广州"12345"热线争议事项联合审定机制

为保障政府热线闭环流程的顺畅运作，广州"12345"热线建立了争议事项联合审定机制，联合广州市机构编制委员会、广州市政府法制办公室这两个综合性且有依据法律法规解释部门职能职责的公正权威部门，建立了热线事项"定纷止争"的审定机制。由广州市机构编制委员会负责厘清职能界限，由广州市政府法制办公室负责解释部门间的法律法规分歧，从而得出明确的职责认定结论。审定

---

① 李恩文：《全面提升上海市普陀区"12345"市民服务热线工作面临的问题及对策》，《东南大学学报》（哲学社会科学版），2019年第12卷。

后的结果由广州市政务服务管理办公室根据广州市机构编制委员会或广州市政府法制办公室的意见交承办单位执行，由监察部门负责保障执行，无正当理由拒不履行的移交市监察局依法依规处理，责任部门将受到严格问责。

此外，《广州"12345"政府服务热线管理办法实施细则》针对疑难复杂事项综合运用多种方式确定承办单位。具体而言，对一般事项，采用快速沟通（电话、网络、传真等）方式；对涉及职责分工或法律适用存在争议的，提交市级机构编制部门或市级司法行政部门联合审定；对管理权属存在争议的，采用会议协调或组织现场踏勘等方式。涉及区职能部门争议的事项，征求市级业务主管指导部门意见。法律或承办单位职责存在空白的，提请市政府研究指定承办单位。广州"12345"热线通过提前介入、主动协调和联合审定等机制，明确了一系列长时间得不到解决的疑难事项的责任主体，帮助职能部门厘清职责，填补监管空白；通过限时办结、协调督办、满意度回访等标准化工作流程，倒逼职能部门转变职能，推动职能部门全面履行职能，减少疑难事项的库存。

此外，各地政府热线在机构规模、人员配置和经费保障等方面也存在巨大差异。不少城市政府热线面临着资源投入不足的问题，面对日益增加的市民诉求，苦于陷入人员、经费投入不足的"窘境"。政府和社会对热线的期望与热线实际承担能力不匹配的局面如果长期存在，将不可避免地导致热线运作效率的持续降低，进而对热线背后的政府公信力造成伤害。

第四节 科学研判热线诉求背后的真实民意

政府热线是了解社情民意的重要渠道，但热线在民意识别上也并非没有缺陷。政府热线的运作模式决定了其特有的"问题导向"特征，即群众只有遇到问题才会求助于热线，并且群体性、反复性的诉求更容易受到关注，因此政府热线所展示的群众诉求是有偏向的，难以全面地反映民生动态，容易弱化和忽略"沉默的大多数"。此外，个体需求表达与公共利益之间有时并不一致，特别是涉及经济纠纷、消费维权、拆迁补偿等经济问题时，个体利益与企业利益、个人利益与公共利益之间往往存在矛盾。

科学准确地分析和解读数据背后的真实民意，是政府热线社情民意采集功能要面对的重要挑战。对政府热线数据的分析解读需要科学化。在政府热线数据中，诉求量的多少并不能直接指代社会问题的严重程度，数百件诉求指向的问题或许只是一个特殊问题，而个别诉求却可能具有代表意义。有组织地群发、特定群体的偏好、社会传媒的引导都可能大幅度影响市民对特定问题的诉求规模。因此，在实际分析研判中，需要结合历史数据前后比较，在不同区域间横向比较，并找出相似问题类比来进行综合研判。为更好地辅助政府决策，最好引入行业部门、领域专家进行座谈，共同参与热线数据分析，将市民诉求与专业领域分析相结合，才能得出更加务实可信的结论。此外，不同领域市民诉求量存在较大差别，诉求量越少的领域偶然性偏差概率越大,在推导结论时越要谨慎,需要通过寻求辅助数据来加以验证。

对政府热线数据的研判还需要注重底线公平。公共政策要以一定的价值理念为指导。所谓"底线",是一种"界限",指不能含糊、不能推卸、必须做到的事情。"底线"是描述社会公平度的概念,依据经济社会发展状况,从国民最基本、最迫切的需求出发,可以划出一条线,这条线代表着老百姓最基本的需要。由于基本需要并不是一成不变的,它会随着社会经济的发展而发生变化,因此需要找到基本需要中最稳定的需要,即基础性需要,包括解决温饱的需求(生存需要),基础教育的需求(发展需要),公共卫生和医疗救助的需求(健康需要)等。[①] 政府热线数据汇集了海量的民生诉求,既包括底线以下的基本需要,又包括底线以上的高层次需要,因此在数据分析与研判中要坚守底线公平理念,着眼于人民群众最基本的公共服务需要。

第五节 客观理性看待政府热线的智能化

在互联网、云计算、大数据等现代技术加速普及的背景下,海量信息通过移动电话、互联网以及新媒体得到表达,群众公共服务的需求和供给模式也发生了深刻变化。大数据概念的提出者舍恩伯格(Viktor Mayer-

---

[①] 景天魁:《底线公平:公平与发展相均衡的福利基点》,《北京工业大学学报》(社会科学版)2015年第15卷第21期。

Schönberger）指出，大数据不仅是人们获取新认知、创造新价值的源泉，也是深刻改变市场、组织机构以及政府与公民关系的方法。互联网时代"开放、共享"的时代愿景与公共服务领域"共建共治共享"的趋势高度契合，探索和运用大数据技术，发挥技术带来的强大信息采集、分析和协同优势，改革和完善社会治理模式，对于创新社会治理模式至关重要。作为连接需求和供给的重要渠道，大数据、人工智能等新技术应用在推动社会治理创新中应该发挥基础、引导和关键性作用。近年来中央政府出台系列政策，对利用互联网和大数据改进公共服务作出重大指示，落实大数据治理或成为公共服务供给质量提升、结构完善、模式革新的根本动因与合法性来源。2016年国务院办公厅发布的《"互联网+政务服务"技术体系建设指南》（国办函〔2016〕108号）是推进政府热线信息化发展的重要标志，文件提出要通过信息化手段逐步整合各部门现有的政民互动渠道。如今，大数据和人工智能技术应用不单单是技术的变革，更意味着一场模式和流程的优化与变革，需要形成人文与社会、政府与第三部门、政府与公众相互融合的治理技术与框架。[①]从数字化到智能化再到智慧化，让基层政府更聪明、更智慧、更具自我调节能力，是推动基层政府治理体系和治理能力现代化的必由之路。

政府热线随着技术进步而呈现更多的"非接触性"趋势。刘红波从接触方式上将政府服务划分为全接触式、半

[①] 李振、鲍宗豪：《"云治理"：大数据时代社会治理的新模式》，《天津社会科学》2015年第3期。

第十一章 理性审视：对政府热线发展方向的思考

接触式和无接触式三种。[①] 政府热线的建立和推广转变了群众与政府工作人员面对面交流的"全接触"服务模式，群众转而通过固定电话、移动电话等语音通信设备向政府寻求帮助或获取服务，在这个过程中，群众通过声音接触进行互动，但对象从具体的政府工作人员变为专业的语音客服人员，模式上转变为"半接触式"服务。随着更多政府热线采用 App 客户端、微信、智能一站式终端等方式提供服务，市民与政府职员和客服人员完全隔离开，既看不到具体的人，也听不到声音，只能通过反馈信息感受到工作的痕迹，即"无接触式"服务。智能技术的迅猛发展，导致越来越多的人工服务被智能设备取代，群众仅需要点击鼠标、敲击键盘、点按触摸屏就可以轻松获得对应的服务，大大提高了运行的效率。近年来，由于语音客服技术的发展和人工成本的增加，不少城市"12345"热线在话务方面探索应用智能客服技术来减轻客服人员负担，运用现代通信技术、计算机技术、人工智能技术等打造综合型智能客服平台，将自助语音服务、人工服务、知识信息资源进行整合，以实现对部分诉求的自动回应。智能化技术应用的优点显而易见，智能语音导航可以大幅降低热线的运行成本，智能语音接听可以分担人工客服的压力。特别是面对重大突发事件时，长时间、超负荷的工作往往导致人工客服面临巨大压力，智能语音机器人则可以确保热线系统的稳定运行。

另一方面，对政府热线"智能语音"的应用也存在

[①] 刘红波：《一站式政府的概念解析与角色定位》，《电子政务》2012 年第 8 期。

不少质疑。这种从全接触到半接触再到无接触的服务模式变革也不可避免地存在弊端，尽管智能设备能够大幅提高效率，但交互对象的逐步远离也不可避免地让群众难以直观感受到热线的"温度"，这类服务模式的利弊也会在未来的实践和探索中逐步呈现。以智能语音为例，热线语音导航设置的本意是积极利用交互式语音应答技术，分类处置群众诉求，降低话务平台运营成本。但同时，语音导航也导致了程序烦琐、群众选择不便、等待时间增加、服务体验不佳等问题，难免让诉求者产生被"糊弄"的感觉。2021年，江苏"12345"热线推出"语音零导航"，群众诉求直接接入人工座席，得到社会各界的积极评价。尽管取消语音导航会给热线增加工作量，看似给政府窗口添加了"麻烦"，但方便了企业群众，提升了群众对政府的认同感，即使增加些成本和工作量，也必须"豁得出去"，把有利于群众的实事办成。①

参考案例：江苏"12345"热线"语音零导航"②

以往市民在拨打"12345"热线寻求帮助时，总要花时间听取一段语音播报，按照语音播放的内容仔细区分自己咨询/投诉的事项，如果不小心选错还要重复听一遍，不仅程序烦琐而且费时费力。尤其是老人面对语音导航时遇到的困难会更大，不会选、不敢选，容易让老人产生与

---

① 徐宁：《明天起，江苏12345热线实行"零语音导航"直通"人工座席"》，http://www.njdaily.cn/news/2021/1220/4116577032090659398.html。
② 徐冠英：《直达人工服务 优化群众体验》，《新华日报》，2021年12月21日。

第十一章 理性审视：对政府热线发展方向的思考

时代疏离的失落感，直接影响了热线服务效果，成为热线行业的痛点。针对这一问题，江苏"12345"热线于2021年12月21日开通全国首家政务热线"语音零导航"，这意味着今后市民、企业拨打"12345"热线可以直接进入人工座席获取话务员的精准服务。

江苏"12345"热线"语音零导航"主要采取四种取消措施：一是针对需要按键选择接入县（市、区）"12345"热线的语音导航，通过电信技术手段，确定拨出电话所在地，直接接入所在地的热线服务平台，完成语音导航取消。二是针对需要按键选择外语服务的语音导航，由话务员以简单外语应答，引导诉求人接入外语服务专席，完成语音导航取消。三是针对需要按键选择"挪车"等服务的语音导航，通过建立非"12345"渠道办理接收，完成语音导航取消。比如苏州市"12345"过去要接听办理大量"挪车"诉求，故而设置了"挪车"按键语音导航；这次苏州市创新思路，在"苏周到"App上线"自助挪车"服务，对挪车服务进行分流，有效解决了苏州"12345"挪车语音导航取消难题。四是针对需要按键选择社保、医保、公积金等专业服务的语音导航，由首接话务员完成相关专业领域普通诉求的解答，疑难诉求则转至对应专席或由政策专员解答。此外，江苏"12345语音零导航"坚持实事求是，不搞简单化、"一刀切"。针对当今社会突发公共事件易发多发、政府热线群众诉求激增的情况，江苏明确，当一地发生突发公共事件时，各地可根据实际情况设置语音导航，便于对群众诉求进行快速分类处置，及时传递权威声音，回应公众关切，稳定社会情绪。突发事件结束、话

207

务量恢复正常后,及时取消。

"倾听民声"是政府热线的初心和使命。政府热线与一般商业热线不同,近四十年来始终在群众身边,是政府开辟的为民服务窗口和通道,传递的是党和政府的声音,解释的是政府利企惠民的政策,回应的是群众和企业的各项诉求。当前热线相关智能技术尚不成熟,尽管智能语音能够分担客服人员的工作负担、降低热线运营成本,但回复不精准甚至答非所问,使本就带有情绪的诉求人往往衍生出激烈的负面情绪,对代表政府形象的"12345"热线而言还需要谨慎运用、稳妥推进。政府热线的智能化升级不能迷失于技术本身,在改革实践中要避免不求甚解、无序变革和盲目跟风,陷入"技术主义"的误区。

第十二章

展望未来：创新驱动政府热线高质量发展

> 只有相信人民的人，只有投入到生气勃勃的人民创造力泉源中去的人，才能获得胜利并保持政权。
>
> ——列宁 [①]

政府热线制度在近四十年的发展中取得了长足的进步，实现了从无到有、从弱到强的历史性跨越。改革开放以来，我国经济社会飞速发展，社会长期处于转型期，"变化"已经成为这个时代唯一不变的存在。政府热线作为一项社会制度，随着社会的发展也需要不断变革以适应时代的变迁，过去的经验并不能完全作为未来政府热线改革成

---

① 参见列宁:《全俄中央执行委员会会议文献》。列宁的这句名言展现出鲜明的群众立场和群众观点，也由此成为马克思主义政党坚持群众路线的名言警句，说明保持良好的党群关系才能为马克思主义政党筑牢群众基础，对于我们今天走好群众路线、坚持以人民为中心的发展思想具有启发意义。

功的保障。展望未来，政府热线将伴随着经济社会发展不断探索创新，不断完善"中国式民主"的内涵，为全球热线发展贡献"中国智慧"。

第一节　从"政府导向"到"市民导向"的角色转换

传统的政府热线站在政府视角提供公共服务，大多数政府热线习惯依据政府行政部门的职能来对服务内容进行划分，形成了典型的"部门导向"思维。而随着经济社会的发展以及人民群众生活水平的提高，政府需要依靠卓越的服务来满足群众的需求，服务型政府成为我国政府改革的重要价值取向和目标选择。政府热线的发展与完善是我国建设服务型政府的有效途径之一。服务型政府建设要求"市民导向"，即以服务对象为中心来配置服务。从用户的角度来看，政府热线的服务对象包括学生、企事业单位工作人员、失业人员、老年人、残疾人、外国人、农民、企业家等不同性别、不同年龄、不同职业的复杂人群，大多数人对政府内部结构和职能划分并不清楚。群众也不需要了解政府内部部门之间复杂的职能划分以及服务过程中的复杂处理过程，只需要明确地表达自身的诉求并关注问题的解决。在服务型政府建设中，澳大利亚"Centrelink"热线提出的"人生事件模型"的思路有一定的借鉴意义。在"人生事件模型"中，用户只需要描述他们所处的境况，"Centrelink"就会根据描述进行相应的业务流程重组，将相关机构部门提供的服务进行整合，根据用户的不同境况（即不同的"人生事件"），将服务集成化地递送给用户，从而满足不同人群的个性化服务需求。

参考案例：澳大利亚"Centrelink"热线的"人生事件模型"

澳大利亚"Centrelink"热线的"人生事件模型"是在与用户部门磋商的基础上开发的，其中第一个关键步骤是在1999年底实施的"一对一"服务。"一对一"服务是指每一个用户都有一个客户服务人员专门为其提供服务。对用户来说，"一对一"服务意味着获得个性化、专业化的服务；获得对其境况的评估并一体化地满足其需求；只需将他们的境况告诉"Centrelink"一次；获得一致的服务并对服务充满信心。对"Centrelink"的客户服务人员来说，"一对一"服务意味着增加了每日工作的可控性、明确了责任与义务；与用户进行更专业的联系；更高的工作满意度；学习与发展的需求更容易鉴别；个人努力更容易得到认可。利用"人生事件模型"，用户只需描述他们所处的境况，"Centrelink"就能为他们提供满足其需求的个性化服务。

从"市长热线"到"市民热线"，政府热线还需要从模式上彻底完成角色的转换，形成以"市民"为核心的服务模式变革。"以人民为中心"必须了解"人民"的需求，在深入分析和挖掘公众需求的基础上重新整合政府服务流程。在服务型政府建设中，政府热线的发展需要放下"部门导向"思维，以群众需求为出发点进行服务整合，充分发挥政府热线面向群众的特殊优势，围绕政府服务开展调查和咨询，主动向群众征集意见和建议，不断改善政府服务，并充分利用现代化的治理手段和技术实现渠道、服务、信息、网络等要素的系统整合，真正为群众提供"一站式"服务。

第二节 从"语音热线"到"数字热线"的渠道拓展

政府热线作为不断创新的制度体系，也时刻跟随传播技术和通信技术的变化而变化。毫无疑问，传播和通信技术不仅改变了人们的交往方式和社会关系，还深刻地影响了社会结构和社会治理方式变革。回顾历史，报纸、广播、电话、电视等媒介都是历史上重要的社会治理工具。近四十年前，"市长公开电话"的诞生离不开电话这个重要的信息传播工具，电话双向互动的特性使"市长公开电话"制度逐步成为城市治理的基础性制度。电话的普及打破了地域、文化、身份、情感、权力的束缚，缔造了一个社会普遍参与、零距离沟通的社会空间。电话作为一种更加高效的通信手段，为"市长公开电话"的制度创新提供了硬件基础。从1999年"12345"热线的诞生到在全国范围内普及，背后离不开移动通信、互联网等通信网络硬件设施的快速普及。

四十年后的今天，我们已经处于移动互联网、大数据、人工智能的时代，信息生成、表达和传播的渠道更加丰富多元，推动着政府热线向网络化时代迈进。

"倾听民声"要始终基于群众诉求的表达习惯，移动互联网时代必须强化网络渠道诉求的采集。正如习近平总书记 2016 年在网络安全和信息化工作座谈会上指出的："网民来自老百姓，老百姓上了网，民意也就上了网。群众在哪儿，我们的领导干部就要到哪儿去。"[①] 倾听老百姓的声音，对老百姓的需求有真切、全面的了解，是执政党代表民意、沿社会发展的正确方向前进的重要条件和要求。传统方式和网络渠道共同构成了现在反映民意、了解民意、沟通民意的新途径。如今，越来越多的地方政府热线开通了网络诉求渠道，市民除了可以通过电话、短信、网站、邮件等传统途径表达诉求，还可以通过微信、App 等渠道将诉求相关的照片、录音、视频、地理位置等更多信息同步上传，使诉求表达的效率更高、目的更准确、信息更丰富。根据北京师范大学调研的结果，2021 年直辖市以外的省级行政区划单位（不含港澳台）设立的政府热线中至少开通了一种互联网受理渠道的占比为 58.82%（10/17），直辖市设立的政府热线中至少开通了一种互联网受理渠道的占比为 75%（3/4），省会城市和计划单列市设立的政府热线中至少开通了一种互联网受理渠道的占比为 78.13%（25/32），地级行政区划单位（不包含省会城市和计划单列市）设立的政府热线中至少开通了一种互联网受理渠道的占比为 50%（145/290），国务院有关部门设立的政府热线中至少开通了一种互联网受理渠道的占比为 55.56%（15/27），整体上我国可以拨通且至少开通了一种互联网

[①] 《习近平：在网络安全和信息化工作座谈会上的讲话》，《人民日报》2016 年 4 月 26 日。

受理渠道的政府热线的占比达到53.51%（198/370）。[①]此外，北京、上海、广州、深圳、南京、杭州、济南等区域中心城市均已将网络作为接受市民诉求的主要渠道之一。

这让我们可以畅想政府热线的未来形态。在这个万物互联的时代，网络成为压倒性的技术力量，传统的报纸、电视媒体逐步被边缘化，电话这样的传统治理工具是否也将成为历史的尘埃？近四十年后的今天，政府热线发展是否会面临"中年危机"？从农业社会到工业社会再到信息社会，政府了解群众需求的方式始终随着时代的变迁而改变。移动互联网的普及延展出了网站、App、微信等多维渠道，顺应了时代发展的客观要求，给习惯于使用移动互联网的青少年群体提供了便利。但新兴技术的发展并不能否定传统沟通方式的正当性，电话呼叫仍然保持了继续生存与发展的制度空间和社会空间。[②]政府热线依赖的电话技术历史悠久，技术门槛低，通过固定电话或手机进行呼叫仍然是广大群众最习惯使用的沟通手段。在当前经济社会快速发展和转型的背景下，诉求渠道的多元化恰恰证明了政府热线的强大生命力。例如，不少地方政府热线关注到有语言和听力障碍的残障人士的诉求表达，上海等城市"12345"热线专门开设了手语视频服务，为语言和听力障碍人士提供服务。多元化的诉求渠道是差序化治理的基础，吸引了最广泛的群体关心和参与社会事务。继续保持

---

① 黄国彬：《政务热线发展卓有成效，助推服务型政府建设》，https://www.gmw.cn/xueshu/2021-07/12/content_34987851.htm。
② 姚尚建、梅杰：《城市治理的差序参与——基于"市民服务热线"的分析视角》，《学术界》2018年第2期。

电话呼叫的传统方式以及为残障人士提供诉求便利，既保护了广大群众选择的自由，也防止了技术快速发展带来的"数字鸿沟"对部分群众权利的剥夺，最大程度保障了信息表达机会的公平。

参考案例：上海"12345"热线手语视频服务

2019年5月13日，上海"12345"热线正式开通手语视频服务，语言和听力障碍人士可以通过手机和电脑手语视频向"12345"平台提出对上海公共管理服务的咨询、投诉、意见和建议，这是我国大陆地区第一个提供手语视频服务的政府服务热线。[1] 近年来，上海在城市管理和建设中取得了令人瞩目的成绩，社会管理以人为本，服务型政府的理念让百姓安居乐业，无障碍环境建设从理念、制度着手，不断提升上海无障碍生活功能和城市品质，让这座城市充满生机和活力，让城市更有温度。据统计，上海现有持证语言及听力障碍者约7.2万人，向这一群体提供更便捷、更人性化的城市公共服务，让其共享美好的生活，是上海建设卓越全球城市的题中之义。[2] 上海"12345"热线在国内率先开通手语视频服务，为语言及听力障碍群体提供更便捷、更人性化的城市公共服务，体现了上海这座超大城市的温度。

---

[1] 李静：《"12345"热线开通手语视频服务》，http://www.whb.cn/zhuzhan/cs/20190514/262416.html。

[2] 毛奕帆：《用手语"接电话"！上海"12345"开通手语视频服务》，https:// www.kankanews.com/a/2019-05-13/0038849811.shtml。

未来的政府热线一定是多种交互类型混合的综合体系，能够给不同的对象提供多元化的互动模式选择。畅想未来，5G网络的全面普及将催生出更高效的信息传播方式，也将推动政府热线的新一轮变革，新型基础设施建设的不断推进将成为更多高效、创意传播方式的生长土壤。在新的政府热线体系中，以电话为主要沟通方式的传统渠道仍然具备高度的便捷性，并在弥合数字鸿沟、推动社会参与方面具有重要优势。政府热线将凭借更加多元化、差异化的受理方式鼓励更多的市民参与到城市治理的实践中来。

第三节　从"单向服务"到"互动参与"的模式优化

　　群众与政府热线的互动过程本质上也是政治参与的过程。塞缪尔·亨廷顿认为，政治体系能够成功适应现代化，一方面是要能够革新政策，通过国家行动促进经济社会改革，另一方面是能够把产生于现代化并因现代化而达到新的社会觉悟的社会力量成功吸收到政治体系之中。[①]鼓励社会化参与，有利于推进基层治理和科学民主决策。群众是治理问题最直接的"发现者"，政府热线是"汲取民智"和"问计于民"的重要途径，有利于政府部门倾听民声，及时了解群众和企业最关心、最直接、最现实的问

---

① 塞缪尔·亨廷顿：《变动社会中的政治秩序》，张岱云等译，上海译文出版社，1989。

题，听取群众对公共政策的意见和建议，及时发现倾向性、苗头性问题，推动政府掌握的社情民意从"碎片化"走向"系统化"，为政府科学决策、提高社会治理效率提供帮助。政府热线通过倾听民声助力解决推诿扯皮、公职人员的失职渎职等问题，并通过辅助决策推动政策革新。群众对具体公共事务的参与更有利于政府工作效能的全面提升。

参考案例：美国费城"311"热线社区联络计划[①]

美国费城"311"热线非紧急服务和信息请求统一平台使人们能够积极地参与社区活动，并为热线系统获取信息拓宽了渠道。在费城"311"热线社区联络计划中，任何愿意参加该计划的居民经过两小时培训后即可成为"费城311联络员"。通过培训，他们可以熟悉城市各部门职能和热线电子报告系统，并直接向"Philly 311"系统报告问题，从而为他们的社区服务，同时向社区及时汇报服务进展情况。这也是费城"311"热线获取信息进而提供服务的一种有效方式。由于社区居民是社区治理参与的核心，他们比其他人更了解自己的社区和社区的需求，因此通过在社区中嵌入这些联络员，将他们作为捕获和集成服务请求的联络点，极大地拓展了信息和诉求的来源渠道。

政府热线的良性发展不仅需要群众积极参与，也需

---

① Nam T.and Pardo T. A.,"The Changing Face of a City Government: A Case Study of Philly311," Government Information Quarterly, 2014a, 31(jun.suppl.): S1-S9.

要更多政府层面的积极推动。早期政府热线"领导接听制度"中政府领导的接听，可以被理解为是政府主要负责人的直接参与。从实践来看，未必每个政府领导都能做到参与接听，但政府部门和公职人员的接听在某种程度上也可以承担类似的功能。如杭州"12345"热线的"干部热线选派制度"就是很好的实践案例，"干部热线选派制度"由杭州市委组织部统一部署，根据热线业务量每年选派几十名干部到"12345"热线从事一线工作，自1999年热线创建到2019年的二十年间先后有83批692名后备干部挂职。这项制度一方面使得"12345"热线成为杭州市后备干部的培养基地，另一方面也大大加强了办理质效。①

作为连接群众和政府的沟通平台，政府热线不仅具有倾听民声的便利，还可以主动与群众进行互动。各地政府热线都在尝试通过调研、咨询等方式了解公众需求，从而不断改进和提升政府服务水平。例如，澳大利亚"Centrelink"热线每六个月就会开展一次客户调查，根据调查反馈来改进服务。②"12345"热线近年来也越来越主动地开展民意征集行动，如佛山"12345"热线尝试通过公开课堂的方式开展市民诉求教育，通过"知识共享"扩大热线影响，有利于多元主体间的良性互动。此外，不少城市将"12345"热线作为"人民建议""民生实事"

---

① 《客户世界》编辑部:《杭州"12345"与"最多跑一次"》，https://www.sohu.com/a/313737151_753232。
② 贾涛、陈翔:《国外一站式政府服务机构建设的做法及对我国的启示》，《中国行政管理》2007年第5期。

等的征集渠道，在涉及公共利益的重大问题上主动征求群众意见，实现了从"被动倾听"到"主动关心"的逻辑转变，让广大群众和企业深入参与到城市治理的各个环节之中。

参考案例：佛山"12345学院"的模式创新[①]

佛山首创的"12345学院"是推动政府服务社会化参与的一种模式创新，主要包括三方面功能：一是全面建成热线多元化人力资源体系，打破员工入职培训的传统套路，搭建线上线下相结合的培训教育载体，广泛吸纳并系统培训求职者、志愿者、实习生等各类社会力量，推动"12345"服务的多元化参与；二是建成政务服务"市民公开课堂"，将"12345"汇聚的政府各类业务知识以更加喜闻乐见的方式推送到社会，开展市民素质教育；三是探索引入社会资源和市场力量，试水共享知识经济模式，把政府业务知识更有效地传播出去，让市民、企业少打电话而能获得更实际的帮助。

图12-1 佛山"12345学院"主要服务内容

[①] 参见佛山"12345"热线官方网站 https://12345.foshan.gov.cn/。

第四节 从"分散响应"到"集成服务"的全面升级

全面整合发展既是政府热线升级发展的重大契机，也是政府热线直面改革难题的重要考验。政府热线的整合表现为利用信息技术和网络技术促进服务需求表达渠道和方式的更新换代，其内在的逻辑是通过技术运用和机制创新突破传统行政体系的制约，从而提高公共服务响应的顺畅性、及时性和有效性。因此，政府热线的整合不是简单的电话号码归并，其背后要求综合性热线既具有统筹管理不同业务部门的能力，还要具备打通对应政府部门体制隔阂的本领。政府热线整合后群众诉求的类型将更加复杂，跨管理系统的情况也将明显增多，整合发展带来效率提升的同时，也明显增加了热线的管理难度，能否有效提高政府热线的综合管理能力将决定政府热线整合发展的未来与前景。在集约化发展时代，政府热线需要进一步厘清职能边界，建立健全争端解决机制，推动综合性政府热线从"合并"到形成"合力"的改革突破。

"集成服务"的政府热线应该在以下方面着力提升：一是提高解决群众疑难诉求的能力。为人民服务是政府热线设立的"初心"。对群众来说，即使是身边最琐碎的小事，也都是关系到自己利益的大事，甚至是难以解决的急事和难事。从广大群众的需求着手，发挥政府热线的综合协调优势，把群众的每一件"小事"办好，解决好群众的"烦心事"，才能真正赢得民心，提升政府热线的公信力。

二是提高对民生问题趋势的把握能力。政府热线更多是解决群众反映的已经发生的问题，防止事态蔓延和问题扩大化，在解决民生问题方面往往比较被动。虽然政府热线能够解决不少市民反映的问题，但事后知晓并着手解决，事前所损耗的时间、人力和成本等都已无法挽回。[①]"集成服务"的政府热线应该具有对趋势性问题的把握能力，依托对民生问题规律的掌握和预判，实现从"被动应对"到"未诉先办"的转变。三是提高对民生信息和政务知识的实时汇集能力。作为民生信息的集散枢纽，高度整合的政府应该具备对群众关注的公共政策的精准把握能力，建设高水平的知识库，并将其作为提高热线服务水平的重要抓手。知识库是辅助解答市民咨询的主要工具，高度实用的知识库应该实现各区域、各领域、各行业的全覆盖。为保持知识库的强大支撑能力，政府热线与承办单位需要建立高效的知识点及时交互更新机制，保证知识点不过时、不错漏，提高热线的在线"解答率"，在实际应用场景中发挥为群众答疑解惑的作用，提高群众的用户体验。四是提高对突发公共事件的应对能力。非紧急热线的定位不代表响应迟缓。目前，国内"110"等紧急热线也有类似"移车"等非紧急业务，"12345"热线受理事项中也涉及大面积停电、暴雨内涝、疫情等突发公共事件。非紧急热线普遍缺乏关于突发公共事件应急处置的制度规定，大多也没有与应急处置部门快速联动响应，与"110""120""119"

---

① 郝磊：《服务型政府视角下的济南市民热线建设研究》，硕士学位论文，山东大学，2011。

等紧急类热线的三方通话尚不畅通。①常规状态下政府热线的工单派发处理方式显然难以满足突发状态下的应急响应要求。新形势下，政府热线的整合发展亟待完善应急响应制度，提高热线应对突发公共事件的能力。

从热线自身发展角度来看，高度集成化的综合性热线能力提升还需要突破传统热线以城市为主体的分散创新模式，通过标准化、法治化、专业化和国际化来实现热线水平的整体提升。

一是以标准化确保政府热线服务质量底线。各地政府热线的差异往往体现在为人民服务的质量上。为群众服务的标准或许没有上限，但标准化的意义在于应该明确服务的底线，即政府热线的服务至少应该包括哪些、服务到什么样的程度等。美国"311"热线有一种类似的服务质量机制，其通过建立服务级别协议（SLA）使热线部门与服务供给部门进行沟通和协作，这里的服务级别协议意为"服务提供商与其客户之间的协议，从而量化满足业务需求的最低服务质量"②，该协议也被视为服务提供商与其客户之间的正式合同③。SLA要求政府部门在指定时间内满足市民的服务诉求，并通过热线部门及时与市民取得联系，使市民可以了解自己的诉求何时能够得到满足。中国"12345"热线经过多年的发展也逐步形成了类似的机制，

---

① 平捷：《服务型政府视角下市民服务热线运作及优化研究——以上海市"12345"市民服务热线为例》，硕士学位论文，复旦大学，2013。
② Hiles, A. N., "Service Level Agreements," *Health Estate*, 52.1(1994):36-43.
③ Goo, J., Kishore, R., Rao, H. R.and Nam, K., "The Role of Service Level Agreements in Relational Management of Information Technology Outsourcing: An Empirical Study," *MIS Quarterly*, 33.1(2009):119-145.

不少城市政府热线对不同类型的诉求明确了办理时限和流程，如海口"12345"热线标准化业务"速派即办"流程，针对群众、企业在办事的过程中涉及多部门协调的事务，"按职能划分、按首问负责、按属地兜底"，推进各类问题精准快速派至责任部门。政府热线的标准化涉及多个方面，包括热线形象的标准化、热线服务的标准化、热线流程的标准化和热线数据的标准化，等等。

二是以法治化推动政府热线可持续发展。作为连接政府和群众的桥梁，政府热线本身并不是行政执法的主体，而是根据市民诉求的内容对接相应的政府职能部门，依法依规解决群众遇到的问题。做好政府热线工作，需要牢固树立法治观念、坚持法律面前人人平等，在解决群众困难时既要满足群众的正当要求，维护群众的合法权益，又要做到依法行政、依法办事，维护政策和法律的严肃性，秉公办理，才能赢得广大群众的长期信任。尽管不少投诉类的市民来电语言带有情绪，有些甚至听起来极端和偏激，但大多数情况源于群众利益受到损害，作为政府的"热线"，理所应当怀着开放的心态，千方百计、最大程度地在法治的框架下解决群众的问题，不断增强广大群众的获得感。

三是以专业化促进政府综合服务能力提升。通过专业分工提高效率是工业化以来提高效率的不二法门，核心就是要让"专业的人做专业的事"。经过近四十年的发展，政府热线的功能逐步多元化，语音接听、数据分析、媒体互动、监督评价等环节都吸引了专业社会机构的参与。例如，广东佛山"12345"热线近年来强化专业队伍建设，数据运营部组织开展热线大数据应用工作，为 AI 训练提供经过清洗的数据和知识；网络策划部深度统筹人工智能应用的建设、推广、运营和优化等工作，不断创新和提升热线的互联网服务智能化水平；智能发展部组织开展模型、知识、场景等训练，紧紧围绕热线的服务与业务、生产与管理，不断推出有效的人工智能应用成果。部分城市政府热线尝试将部分业务板块以政府购买服务的方式进行外包，以节约系统建设和人力成本，并提供更加优质的服务。部分城市政府热线强化与高等院校、科研院所合作，引进"外脑"参与热线数据分析，提高数据分析、科学监督和辅助决策能力。这些尝试有些效果显著，有些也面临外包后服务质量不可控的风险。但无论"外包"还是"自营"，推动政府热线功能和流程的专业化分工无疑是重要的改革方向。

四是以国际化满足热线跨文化服务的需求。随着中国国际影响力和城市国际化水平的提高，积极推动多语种政府热线平台的建设是助力城市发展的重要细节，越来越多的地方政府热线开始注重多语种服务。从现状来看，受使用频次和人才招聘的制约，不少城市政府热线在多语种服务方面还存在短板。实际上，热线多语种服务与所在城市的国际化水平有关，国际化大都市的政府热线大多可以提供多语种服务。如美国纽约"311"热线的"语言通路计划"（Language Access Plan）提供超过50种语言服务，包括西班牙语、法语、俄语、中文等。国内"12345"热线中，除北京[①]、上

---

① 北京"12345"的多语种服务在2008年北京奥运会时开通，在为外籍运动员、来京观赛旅游者解决住宿、出行等问题上发挥了重要作用。2010年起，北京"12345"多语种热线与北京外国语大学多语言服务中心合作，将服务语种扩展为英、法、德、俄、西班牙、阿拉伯、日、韩八种常用语言。

海[①]、深圳、长春、济南等少量城市以外，大部分城市政府热线尚未开通多语种服务。政府热线的服务语言并非越多越好，而是要根据城市自身特点和服务对象的语言特征适时提供相应的语言服务，建设专业化的多语种服务平台，发挥政府热线多语种服务消除沟通障碍、传递温暖的作用。例如，2019年广州推出多语种公共服务平台时，根据广州市公安局出入境数据统计，在广州的外国人国籍以美国、日本和韩国为主，多语种服务平台就提供了英语、日语、韩语服务，并根据在线实时运行的情况适当调整服务语种或延长服务时间。[②]

第五节　从"注重外在"到"以人为本"的价值回归

人是一切事业发展的核心因素，政府热线的健康可持续发展终归离不开"热线人"的努力。人才培养和基层人员管理始终是不少地方政府热线面临的主要难题。团队建设不足和人员素质不高成为制约政府热线发展的重要因素。相较于热线硬件系统百万元级的高成本投入，政府热线在建设组织文化、提高话务员素质、改进绩效考核、提升服务水平等方面投入仍然不足，多地政府热线出现了"一流的设备、二流的话务员、三流的服务质

---

① 上海市"12345"市民服务热线和上海市外办建立长期合作机制，提供英语、日语、韩语、法语、德语、西班牙语、俄语七个语种的咨询服务。
② 广州市人民政府网站：《广州多语种公共服务平台正式上线》，http://www.gz.gov.cn/xw/zwlb/bmdt/sswj16/content/post_5520891.html。

量"的情况，阻碍了政府热线的良性发展。[1]全面提升政府热线服务能力，需要从三个方面强化人才培养和团队建设。

一是完善职业晋升体系，打造专业化团队。强化团队建设、提升"热线人"的综合素质是政府热线长期可持续发展的关键。政府热线的长期健康发展需要稳定优秀的团队，只有摆脱了"走马灯"式的人员流失，才能具备持续服务群众和持续发展的基础。政府热线团队的稳定需要构建合理的激励机制，要形成差异化多层次的人才成长体系。以美国"311"热线为例，座席代表按照级别来设置，在管理岗位的设置上，分别有运营主管（Supervisor）、行政助理（Administrative Assistant）、质量保证分析师（Quality Analyst）、员工分析师（Analyst）、呼叫中心分析师（Call Center Analyst）、培训主管（Chief Trainer）、培训师（Trainer）等[2]，可以为热线员工发展提供多样化的选择。英国DWP热线在人才培养、团队建设、环境设置等方面具有一定特色，通过人性化的管理和使命感的塑造来降低热线员工的流失率。加拿大政府热线也强调人员配备是热线发展的关键，一线员工的相关技能培训成为组织的核心战略。[3]新时期我国政府热线建设必须着力强化

---

[1] 王健生：《各地公共服务热线有多热》，《中国改革报》2012年2月9日。
[2] 平捷：《服务型政府视角下市民服务热线运作及优化研究——以上海市"12345"市民服务热线为例》，硕士学位论文，复旦大学，2013。
[3] Charih M.and Robert J., "Government On-Line in the Federal Government of Canada: The Organizational Issues," *International Review of Administrative Sciences*, 70.2(2004): 373-384.

团队建设，提高政府热线队伍的政治素质、服务意识和专业能力，使政府热线能够真正代表党和政府受理群众诉求，做到"热心、耐心、细心、诚心"，打造政治素质硬、服务态度好、业务水平高并具有高度凝聚力、执行力和战斗力的高素质团队。

参考案例：英国 DWP 公共事业呼叫中心的管理特色[①]

英国 DWP 公共事业呼叫中心位于伦敦和曼彻斯特之间的普雷斯顿，创建于 1992 年，秉持"以人为本，精益求精"的管理理念和"尊重、准确性和速度"的工作原则，拥有五百多个座席和一千多名座席代表，员工平均年龄 45 岁，每月员工流失率仅为千分之五。作为政府所属的呼叫中心，其服务水平和服务满意度直接影响国家政策和政府形象，特别是关于劳动保护和社会保障的很多服务对象是退休人员、孤寡老人、残障人群，如何管理好客户关系成为 DWP 热线运营管理的最大挑战之一。其管理特色可以提炼为三点。

一是"知识库入脑"和"客户似亲人"的双料培训体系。"知识库入脑"就是摆脱"显示屏数据库标准答案依赖"，通过培训，座席代表能够流畅地解答 70% 以上的问题，让解答市民疑问和提供服务成为像"朋友之间的聊天"一样发自内心，充满人性化。针对特殊群体，例如盲人和聋哑人，他们还采用专门的服务标准和话术并配合必要的工具帮助他们解决生活中的疑难问题。

[①] 张琳：《价值导向型呼叫中心的走势》，http://www.ccmw.net/article/44274。

二是"以人为本"的员工关系管理。英国大多数座席代表的年龄一般在40岁左右，随着年龄的增长、生活内容的丰富和家庭结构的改变，员工关系管理变得尤为重要。DWP热线主张员工应该注重工作生活的平衡，为此专门设立了员工工作生活平衡小组，负责关心和照顾员工的工作与生活，传递员工的需求和管理层的政策。其内刊"DWP People"中有一个专门的栏目，经常组织员工就工作与生活话题进行交流，相互交换经验。此外，DWP热线采用弹性工作制，让有孩子的员工选择在方便的时间上班，这样的工作制度在一定程度上降低了员工流失率。

三是健康的座席环境设置。DWP热线的每个座席都包含了众多的健康元素，除了必要的座席间距合理配置、室内绿色植物丰富以外，每个座席还配置有七大健康元素，包括可以多角度调节的健康椅、适合生理曲线的键盘鼠标、保护听力的降噪耳麦，等等。

二是倡导人性化管理，提升职业荣誉感。政府热线的发展离不开每一位热线人的努力和贡献。政府热线在倾听民声、回应群众关切的过程中，热线工作人员特别是一线客服人员发挥着重要的桥梁和门户作用，他们的服务直接关系到群众的体验。热线客服人员是指接受过处理服务和信息请求培训的专业人员，也被称为"客户服务代表"（CSR）、"客户服务代理"（CSA）或"呼叫中心代表"（CCR）。美国"311"热线的制度理念中，"客户服务代表"（CSR）被认为是反映地方政府执政水平及其价值观的一面镜子，其在帮助市民识别需求、反映问题和解决问题的过程中，给市民留下了最直观的"政府服务"印象，对政府热线而言至关重要。我国政府热线从"市长公开电话"演变而来，早期热线客服人员在定义上都不是普通的自然人，而是被理解为"市长"的代言人。时至今日，"12345，有事找政府"的对外宣传口号也体现着政府热线的客服人员是"政府"的代言人，热线客服人员的回复也常常被普通市民和媒体认为在一定程度上体现了政府的"立场"和观点，因此政府热线的工作人员应该具有远高于普通人的责任感和使命感。

以人性化管理提升职业荣誉感是稳定热线团队的重要手段。从各地实践来看，政府热线客服人员用工形式多样，包括政府牵头组建的模式、完全市场化外包的模式以及介于两者之间的组合模式。政府热线客服是心理承压较大的岗位，每天面对各种各样复杂的诉求以及负面情绪，还需要绝佳的耐心来接听好每一通电话，工作时刻需要保持紧张状态。"高要求"叠加"低待遇"导致部分政府热线面临着人员招聘难、培训周期短、收入待遇低、工作强度大、员工流失多等多重问题，加上政府热线工作人员长期处于满负荷、高强度的工作压力之下，缺乏对应的心理疏导机制，也容易使热线工作人员不堪重负。吴树荣在研究中发现，多数地方政府热线采取的是劳务派遣或购买话务运营的服务方式，由政府财政提供资金、企业负责客服人力资源管理，普遍存在激励机制不健全、人员流失率高等问题。全国约有70%的地方政府热线缺乏3年以上工作经验的话务员，65%以上的话务员岗位年招聘次数在3次以上，如莆田市"12345"热线年招聘次数近10次。①正是由于政府热线的话务人员直接面向市民群众，人际互动频繁，为了树立政府形象，话务人员还需要高质量地完成情绪劳动，同时政府热线机构还会对话务人员的情绪表现进行监管和绩效评估，进一步加剧其工作压力，使其产生情绪耗竭和疲劳感，进而影响服务质量。因此，政府热线要完善人性化管理制度，关注话务人员的情绪波动，建立谈心制度，倾听话务人员的心声，定期组织团队减压活动，及时缓解话务人员的工作压力和倦怠情绪。

三是强化服务意识，打造"有温度"的政府热线。政府热线话务人员的素质是决定热线服务质量的关键因素。政府热线不同于普通的客服热线，"市长热线"更是代表市长和市政府与市民进行对话，即使不是市长本人亲自接听，普通政府热线工作人员在回应市民诉求时的解答和处置都或多或少带有官方色彩，在群众中具有一定的权威性。在对政府热线的定位上，不少观点存在误区，认为热线只是"接电话的"，只要客观记录诉求内容就完成工作了，而不是从政府"总客服"的高度来认识政府热线。优秀的政府热线话务人员能够耐心倾听群众诉求，快速在沟通中领会来电人的诉求，熟悉政府部门政策规定并快速准确分类，同时还能安抚、稳定诉求人的情绪，形成积极互动。市民只有在这样高质量的接听中，才能逐步建立起对政府的信任，形成对政府热线的积极评价和良好口碑。

---

① 吴树荣：《完善政务热线客服人员激励机制的对策探究——以莆田市"12345"热线为例》，《人才资源开发》2019年第21期。

第十二章　展望未来：创新驱动政府热线高质量发展

参考案例：香港"1823"政府服务热线理念

香港"1823"政府服务热线在理念上突出"用心服务"。对人来说，"心"是维持生命的重要器官，对于"1823"热线来说，"心"是服务市民的重要元素。然而，这个"心"字并非单单意味着"服务由心出发"，当中其实包含了五个服务口号，分别是 trustwortHy（争取信赖）、responsivenEss（及时行动）、understAnding（聆听理解）、pRoactive（采取主动）、patienT（耐心处理），五个大写英文字母拼成单词"HEART"，"用心服务"的理念根植在"1823"热线工作人员的心里。根据人民网的报道，香港特区政府曾对"1823"热线的服务质量做过调查，让受访者就有效回应、同理心、服务保证、跟进等各方面问题作答，"1823"热线获得的平均分高达 4.4 分（5 分满分），98% 的查询能够在首次来电时就获得令人满意的解答，用"心"服务市民的"1823"热线的服务质量有口皆碑。[①]

"用心服务"是热线保持持续生命力的重要支撑，"为民服务"始终是政府热线应该坚持的发展方向。坚持以人民为中心是新发展理念的"根"和"魂"，维护人民群众的切身利益应该始终是政府热线的核心理念。热线的"热"不仅意味着群众拥护的"热度"，更需要提供饱含为人民服务理念的"热心"，能够提供这种"热"能的只能是热衷热线事业的"热线人"。要发挥热线人的党员模范先锋作用，培养热线人全心全意为人民服务的政治意识，让每

---

① 易珏:《从"1823"四个数字看香港："人性化"就像空气和水》，http://hm.people.com.cn/n/2013/0917/c42272-22953476.html。

位热线人以岗位为荣。为市民排忧解难的具体实践既让热线人从为人民服务的过程中收获了幸福感，也让市民在每一单诉求中感受到了温度和诚意。

新时代呼唤新作为，新征程要有新担当。回顾我国政府热线近四十年的发展历程，不只是为了总结历史，更是面向未来吹响新时代、新阶段、新征程的号角。全面建设社会主义现代化国家、向第二个百年奋斗目标进军的新阶段已经开启，我国政府热线要始终坚持以人民为中心，推动政府职能转变，进一步畅通政府与企业和群众的互动渠道，充分发挥政府热线的各项社会功能，相信我国政府热线必将成为便捷、高效、规范、智慧的政务服务"总客服"，为全世界政府热线的发展贡献"中国智慧"。

附录一

民生四十年大事记

- 1983年9月18日，沈阳市开通我国第一部市长公开电话（号码为"28011"）。
- 1990年3月，杭州、南京、苏州、常州、镇江五个城市在常州召开市长公开电话理论研讨会，此次会议成为政府热线跨城市互动的重要标志。
- 1991年10月，广州和深圳相约全国已开通政府热线的16个城市，召开第一届"全国部分城市市长公开电话工作年会"。
- 1995年2月7日，由华东七省市参加的"省市长热线"活动开始，在打破行政区划限制、跨区域倾听民声方面进行了积极探索。
- 1995年9月21日，第五届全国部分城市市长热线电话工作年会通过了《全国部分城市市长公开电话工作网络章程》，明确了"市长公开电话"工作网络的运作模式。
- 1999年6月15日，热线号码"12345"在杭州诞生，成为我国政府热线发展的里程碑事件。
- 1999年6月,国家信息产业部宣布将"12345"作为全国统一的政府热线号码,从此"12345"正式成为政府热线的代名词。
- 2003年4月,信息产业部在全国统一启用非典防治电话"95120"。
- 2003年4月25日,北京开通了全国第一条"预防非典恐惧"心理热线。
- 2007年5月21日,北京市非紧急救助服务中心成立,开启了政府热线资源整合的大幕。
- 2007年8月16日,经第十四届全国市长公开电话年会与会代表表决通过,市长公开电话标识正式得到确认,作为"12345"热线的永久标识在全国统一使用。
- 2008年9月26日,济南将"市长热线"升级为"市民服务热线",一字之差凸显政府职能转变。
- 2011年6月18日,首条全国统一的台胞公共信息服务热线"4001968111"开通,用普通话、闽南话和客家话三种语言,全天24小时服务。
- 2013年3月27日,济南"12345政协提案线索直通车"开通,首次尝试政协提案与政府热线相结合的工作方式。
- 2013年7月4日,上海和台北签署合作备忘录,确定上海市"12345"市民服务热线与台北市"1999"市民当家热线的交流合作事项,推动了政府热线的两岸合作。

- 2013年10月1日国务院办公厅发布《关于进一步加强政府信息公开回应社会关切提升政府公信力的意见》（国办发〔2013〕100号），提出要加强政府热线电话建设和管理，清理整合有关电话资源。
- 2013年11月12日，首个省级热线地方标准《四川省政务服务热线建设规范》（DB51/T 1614-2013）发布，热线建设标准化探索迈出重要一步。
- 2016年7月1日，海南省人民政府综合服务热线正式运行，这是全国第一家由省政府成立的"12345"综合服务平台。
- 2016年12月13日，我国首个政府热线国家标准《政府热线服务规范》(GB/T 33358-2016)发布。
- 2016年12月20日，国务院办公厅发布《"互联网+政务服务"技术体系建设指南》（国办函〔2016〕108号），提出要通过"12345"等政务服务热线集中接受社会公众诉求，通过信息化手段逐步整合各部门现有的政民互动渠道。
- 2017年9月18日，第一届全国"12345"政府服务热线年会在北京召开，共62个城市、151名代表参会。
- 2018年9月1日，济南正式施行《济南市"12345"市民服务热线条例》，济南"12345"热线成为全国首个有法可依的市民服务热线。
- 2019年5月13日，上海"12345"热线手语视频服务正式开通，上海"12345"热线成为中国大陆地区首个提供手语服务的政府服务热线。
- 2019年8月8日第一届全国政务热线发展高峰论坛

在北京召开，300 余名代表参会。

- 2020 年 12 月 28 日国务院办公厅印发《关于进一步优化地方政务服务便民热线的指导意见》（国办发〔2020〕53 号），此件成为新时期指导热线发展的纲领性文件。

- 2021 年 7 月 22 日，南京新一轮新冠肺炎疫情发布后的第二天，江苏"12345"热线紧急驰援南京"12345"热线，开启了政府热线跨区域协同、"多援一"远程协助的制度探索，提高了政府热线应对重大突发事件的能力。

- 2021 年 5 月 10 日，《成都都市圈（成德眉资同城化）稳定公平可及营商环境建设专项行动方案》发布，提出推动成都、德阳、眉山、资阳四市"12345"服务热线系统互联互通，实现全域"一键咨询""信息共享""服务联动"。

- 2021 年 6 月 18 日，东莞市"12345"热线新增视频客服功能，建立起可视化通信场景，建成全国首个线上办事大厅。

- 2021 年 9 月 28 日，桂林市联合南宁市、崇左市、百色市、玉林市在全国首次推出"12345"热线跨市联动服务。

- 2021 年 12 月 21 日，江苏"12345"热线推出全国首家政务热线"语音零导航"，市民、企业拨打热线可以直接进入人工座席获取服务。

- 2022 年 4 月 23 日，国务院办公厅发布《关于推动 12345 政务服务便民热线与 110 报警服务台高效对接联动的意见》,提出要科学合理分流非警务求助、快速有效处置突发警情,提升协同服务效能。

附录二

政府热线专业术语[①]

1. 政府热线（Government Hotline）：由政府及其职能部门设立的非紧急公共服务呼叫系统（设立的具体形式包括自建、外包、委托、授权等）。
2. 政府热线服务（Government Hotline Service）：依托政府热线，通过电话、短信、信箱及其他媒体等方式，为组织或个人参与社会治理、获取公共服务提供政策信息咨询、诉求受理与回访等公共服务。
3. 信访（Letters and Visits）：指公民、法人或者其他组织采用书信、电子邮件、传真、电话、走访等形式，向各级人民政府、县级以上人民政府工作部门反映情况，提出建议、意见或者投诉请求，依法由有关行政机关处理的活动。

[①] 部分专业术语来源于中华人民共和国国家标准《政府热线服务规范》(GB/T 33358-2016)、《政府热线服务分类与代码》(GB/T 39666-2020)、《中华人民共和国信访条例》(中华人民共和国国务院令第431号)、《国家突发公共事件总体应急预案》。

4. 信访人（Letter-writer or Visitor）：向各级人民政府、县级以上人民政府工作部门反映情况，提出建议、意见或者投诉请求的公民、法人或者其他组织。

5. 政府热线服务提供者（Government Hotline Service Provider）：实施政府热线服务的机构或部门。

6. 服务对象（Service Objects）：向政府热线咨询信息、反映诉求、提出意见建议的自然人、法人或其他组织。

7. 知识库（Knowledge Base）：政府热线服务提供者对有关法律法规、政策文件、部门职责、业务事项等政府政务公开与公共服务信息进行搜集、整理，形成可存储、可维护、可查询的信息集合。

8. 工单（Wordflow Sheet）：记录服务对象基本信息、事项内容、办理情况、督办、回访结果等热线服务运行全过程的工作流转单。

9. 三方通话（Tripartite Telephone Conversation）：政府热线服务人员、服务对象、事项涉及的部门或单位工作人员采取三方同时通话的方式解答服务对象诉求的服务过程。

10. 呼叫接通率（Call Completion Rate）：接通的来电数量与来电总量之比。

11. 评价对象（Assessment Participant）：接受评价的政府热线服务提供者。

12. 评价者（Assessor）：对评价对象在评价活动中的表现进行评价的组织或个人。

13. 响应率（Responsibility）：基层部门接到政府热线派单后立即签收的比例。
14. 重大突发事件（Serious Emergency）：突然发生，造成或者可能造成严重社会危害，需要采取应急处置措施予以应对的自然灾害、事故灾难、公共卫生事件和社会安全事件。

参考文献

薄贵利:《构建服务型政府绩效管理体制》,《中国行政管理》2012年第10期。

鲍盛华:《长春市长电话开通一年办实事10万多件》,《新华每日电讯》2000年6月25日。

曹策俊、李从东、王玉等:《大数据时代城市公共安全风险治理模式研究》,《城市发展研究》2017年第24卷第11期。

曹虹宇:《"断头路"成因及对策分析》,《绿色建筑》2016年第8卷第4期。

曾伟:《全国首创!江苏开通12345"一企来"热线》,《江苏经济报》2020年11月19日。

陈虎:《政府体制内的制度创新——武汉市市长热线电话的制度分析》,《云南行政学院学报》2003年第4期。

陈文炳:《走进省市长:'95华东省市长热线纪实》,复旦大学出版社,1996。

陈云:《电子政务多渠道递送公共服务——对澳大利亚Centrelink的案例研究》,《云南行政学院学报》2011年第13卷第1期。

仇保兴:《基于复杂适应系统理论的韧性城市设计方法及原则》,《城市发展研究》2018年第25卷第10期。

戴维·奥斯本、特德·盖布勒:《改革政府:企业家精神如何改革着公共部门》,周敦仁等译,上海译文出版社,2006。

戴艳军、吴菲:《我国公共政策执行中的失控问题及对策探析》,《行政论坛》2003年第2期。

《打造"心"品牌 惠及大民生——四川省乐山市创设"心连心"服务热线解民困》,《党建》2019年第12期。

邓伟志:《变革社会中的政治稳定》,上海人民出版社,1997。

丁玮、陈宇琳:《纽约311智慧化管理城市:收集吐槽大数据》,https://cloud.tencent.com/developer/news/302950。

范荣:《"接诉即办"是对城市共治逻辑的生动诠释》,《北京日报》2021年9月29日。

斐迪南·滕尼斯:《共同体与社会》,林荣远译,商务印书馆,1999。

葛怀虎:《市长公开电话》,安徽人民出版社,2003。

耿学清:《衡水一居民拨打政务热线后的遭遇》,《中国青年报》2021年11月25日。

巩建华:《服务型政府的思想基础、内涵特征和建设对策》,《行政论坛》2009年第16卷第1期。

郝磊:《服务型政府视角下的济南市民热线建设研究》,硕士学位论文,山东大学,2011。

何增科:《国家和社会的协同治理——以地方政府创新为视角》,《经济社会体制比较》2013年第5期。

洪棋新:《美国城市 311 市民服务系统的建设经验》,《信息化建设》2006 年第 5 期。

侯非、柳成洋、曹俐莉等:《国际比对视角下我国政府热线服务的现状、问题与标准化对策》,《西安交通大学学报》(社会科学版) 2014 年第 34 卷第 6 期。

黄国彬:《政务热线发展卓有成效,助推服务型政府建设》,https://www.gmw.cn/xueshu/2021-07/12/content_34987851.htm。

黄莉:《杭州"12345"出新招 测评网络单位"效能指数"》,http://zjnews.zjol.com.cn/zjnews/hznews/201705/t20170528_4067543.shtml。

黄群慧:《论中国工业的供给侧结构性改革》,《中国工业经济》2016 年第 9 期。

黄少燕:《推进传统信访制度功能的现代转换:一项可能性的研究——以苍南县"12345"县长专线为例》,硕士学位论文,复旦大学,2008。

贾涛、陈翔:《国外一站式政府服务机构建设的做法及对我国的启示》,《中国行政管理》2007 年第 5 期。

姜晓萍:《政府流程再造的基础理论与现实意义》,《中国行政管理》2006 年第 5 期。

蒋君芳:《成都都市圈营商环境建设行动方案印发 推进"无差别受理、同标准办理"》,《四川日报》2021 年 5 月 11 日。

景天魁:《底线公平:公平与发展相均衡的福利基点》,《北京工业大学学报》(社会科学版) 2015 年第 15 卷第 21 期。

孔德静:《科塞的"安全阀"理论对建设社会主义和谐社会的作用》,《湖北行政学院学报》2007 年第 2 期。

雷望红:《被围困的社会:国家基层治理中主体互动与服务异化——来自江苏省N市L区12345政府热线的乡村实践经验》,《公共管理学报》2018年第15卷第2期。

李恩文:《全面提升上海市普陀区"12345"市民服务热线工作面临的问题及对策》,《东南大学学报》(哲学社会科学版)2019年第12卷。

李锋:《运用大数据技术促进国家治理科学化精细化智能化》,《国家治理》2018年第13期。

李静:《"12345"热线开通手语视频服务》,http://www.whb.cn/zhuzhan/cs/20190514/262416.html。

李军鹏:《公共服务型政府建设指南》,中共党史出版社,2006。

李珮:《联系市长和市民的纽带:"54444"》,《瞭望周刊》1987年第44期。

李天:《面向"12345"大数据分析系统设计与实现》,硕士学位论文,山东大学,2019。

李文钊:《"每月一题":推进首都治理体系和治理能力现代化》,《北京日报》2021年6月22日。

李振、鲍宗豪:《"云治理":大数据时代社会治理的新模式》,《天津社会科学》2015年第3期。

刘波:《社会安全阀理论视域下的中国农村信访工作研究》,硕士学位论文,广西大学,2013。

刘涵:《益阳市长热线现状及其"互联网+"发展探索》,硕士学位论文,国防科技大学,2018。

刘红波:《一站式政府的概念解析与角色定位》,《电子政务》2012年第8期。

刘焕成:《弱势群体的应急信息服务保障机制研究》,《信息资源管理学报》2013年第3卷第3期。

刘伟:《政治承诺的呈现与市长热线的仪式化》,《公共管理与政策评论》2021年第10卷第3期。

娄成武、董鹏:《西方治理理论缘起与发展探析——基于美国公共行政学的视角》,《中共青岛市委党校 青岛行政学院学报》2014年第4期。

罗万杰:《CTI技术及典型应用》,《中国人民公安大学学报》(自然科学版)2003年第3期。

马超等:《基于政务热线的基层治理新模式——以北京市"接诉即办"改革为例》,《北京行政学院学报》2020年第5期。

马亮:《数据驱动与以民为本的政府绩效管理——基于北京市"接诉即办"的案例研究》,《新视野》2021年第2期。

马亮:《中国：政府热线并非"摆设"》,《青年参考》2015年5月27日。

马晓亮、李应春、沈波等:《新冠疫情防控时期广州"12345"政府服务热线的运营对策分析》,《广东通信技术》2020年第40卷第9期。

毛奕帆:《用手语"接电话"! 上海12345开通手语视频服务》, https://www.kankanews.com/a/2019-05-13/0038849811.shtml。

孟天广、黄种滨、张小劲:《政务热线驱动的超大城市社会治理创新——以北京市"接诉即办"改革为例》,《公共管理学报》2021年第2期。

米加宁、贾妍、邱枫:《"互联网+"时代的公共管理学科》,《中国行政管理》2016年第5期。

彭向刚、程波辉:《服务型政府绩效评估问题研究述论》,《行政论坛》2012年第19卷第1期。

平捷:《服务型政府视角下市民服务热线运作及优化研究——以上海市"12345"市民服务热线为例》,硕士学位论文,复旦大学,2013。

钱姬霞:《大数据|这些人的来电情绪被采集了》,https://page.om.qq.com/page/OzwvF0vVWvZplj75iDkrMGvQ0。

秦畅:《民声·市民与社会》,上海人民出版社,2007。

秦逸:《新加坡政府网站"一站式"服务"电子公民"》,《信息系统工程》2011年第8期。

人民日报评论部:《中国民主是广泛真实管用的民主(人民观点)——坚定不移推进全过程人民民主》,《人民日报》,2021年12月22日。

容志:《大数据背景下公共服务需求精准识别机制创新》,《上海行政学院学报》2019年第20卷第4期。

容志:《"集成式"热线与市民服务整体性响应机制构建》,《中国行政管理》2019年第8期。

塞缪尔·亨廷顿:《变动社会中的政治秩序》,张岱云等译,上海译文出版社,1989。

邵燕:《畅通诉求表达渠道 构建社会新安全阀——基于江阴市"12345"公共服务热线的个案研究》,《中共合肥市委党校学报》2015年第3期。

石晋昕、杨宏山:《整体政府视角的城市治理创新——以市政热线整合为例》,《北京电子科技学院学报》2017年第25卷第1期。

史传林:《社会治理中的政府与社会组织合作绩效研究》,《广东社会科学》2014年第5期。

史国举:《数据可视化技术在大数据分析领域的应用及发展研究》,《无线互联科技》2021年第18卷。

世界银行:《撒哈拉以南非洲:从危机到可持续增长》,1989。

世界银行主编《1999年世界发展指标》,中国财政经济出版社,2000。

宋林飞:《西方社会学理论》,南京大学出版社,2000。

汤啸天、李晶:《从"互联网+"看上海市民服务热线的发展与完善》,《人民法治》2015年第12期。

唐晓阳、王巍:《新公共服务理论及其对我国建设服务型政府的启示》,《岭南学刊》2009年第1期。

万复泰:《南京电台的〈热线电话〉》,《视听界》1989年第5期。

汪海:《市长热线作用分析及存在问题对策研究》,硕士学位论文,安徽大学,2007。

汪济航:《市长热线电话在信访工作中的作用》,《秘书工作》1999年第1期。

汪锦军、徐家良:《转型期政府体制内的制度变迁——对杭州市市长公开电话的制度分析》,《中国行政管理》2002年第3期。

王程伟、马亮:《绩效反馈何以推动绩效改进——北京市"接诉即办"的实证研究》,《中国行政管理》2020年第11期。

王佃利、吕俊平:《整体性政府与大部门体制:行政改革的理念辨析》,《中国行政管理》2010年第1期。

王法硕、王翔:《大数据时代公共服务智慧化供给研究——

以"科普中国+百度"战略合作为例》,《情报杂志》2016年第8期。

王海涛、蔡凤:《联系群众 履职为民 济南市政协开通"12345"提案线索直通车》,《联合日报》2013年4月1日。

王海燕:《上海·台北城市论坛举行 签四项合作备忘录》,《新民晚报》2013年7月4日。

王健生:《各地公共服务热线有多热》,《中国改革报》2012年2月9日。

王清园:《"民生热线"现状分析与发展对策研究——以江西省上饶市市长热线为例》,硕士学位论文,南昌大学,2010。

王尉玲:《"市长热线"问题与对策研究——以哈市为例》,硕士学位论文,黑龙江大学,2015。

王晓晖:《CTI技术与系统开发》,《中国计算机用户》1997年第1期。

王艺津:《基于整体性治理理论的市民服务热线研究》,硕士学位论文,华东政法大学,2020。

王瑜:《整体性治理视角下贵港市"12345"政府服务热线整合及优化对策研究》,硕士学位论文,广西大学,2019。

韦露、郑跃平:《美国"311"政务热线研究综述》,《电子政务》2018年第12期。

文云红:《热线理政——广播媒介作为特殊的治理手段》,《现代传播》2010年第9期。

吴国玖等:《政务热线:提升城市政府治理能力的有力杠杆——以南京市"12345"政府公共服务平台为例》,《现代城市研究》2014年第7期。

吴树荣:《完善政务热线客服人员激励机制的对策探究——以莆田市"12345"热线为例》,《人才资源开发》2019年第21期。

肖荻:《热线·热点·热忱——天津市老百姓欢迎这样的舆论监督》,《新闻战线》1992年第2期。

谢一民、时光:《宝鸡经济电台架起空中彩虹"市长热线"牵动千家万户》,《新闻知识》1996年第3期。

新华社:《外来入侵物种治理难在哪儿》,《科学大观园》2021年第24期。

熊竞:《新冠肺炎疫情影响下的城市规模治理:基于我国348个地级以上样本单元的分析》,《城市发展研究》2021年第28卷第4期。

徐冠英:《直达人工服务 优化群众体验》,《新华日报》,2021年12月21日。

徐军、李红平、刘希:《国家治理能力现代化建设需求下政府热线发展探讨》,《信息通信技术与政策》2020年第7期。

徐小、刘卓安、袁光厚等:《设立市长电话之后》,《瞭望周刊》1988年第44期。

徐昕:《达伦多夫的社会冲突理论浅析》,《山西师大学报》(社会科学版)2013年第40卷。

徐秀红、段满荣、王蒂楠等:《新冠肺炎疫情下"接诉即办"机制保障医院快速响应患者诉求》,《临床和实验医学杂志》2020年第19卷第11期。

薛彬等:《针对民生热线文本的热点挖掘系统设计》,《中国计量大学学报》2017年第28卷第3期。

薛澜、张强、钟开斌:《防范与重构:从 SARS 事件看转型期中国的危机管理》,《改革》2003 年第 3 期。

杨民青:《市长公开电话畅想曲(报告文学)》,《瞭望周刊》1984 年第 33 期。

杨戍标总主编、何荣坤主编《数字化城市管理信息系统基本原理》,浙江大学出版社,2006。

杨永恒、王永贵、钟旭东:《客户关系管理的内涵、驱动因素及成长维度》,《南开管理评论》2002 年第 2 期。

姚敏:《"95120"抗"非典"热线利万家》,《中国消费者报》2003 年 5 月 19 日。

姚尚建、梅杰:《城市治理的差序参与——基于"市民服务热线"的分析视角》,《学术界》2018 年第 2 期。

叶飞、傅海阳:《CTI 技术及其在现代通信中的应用》,《电子工程师》2001 年第 6 期。

伊锡尔·德·索拉·普尔:《电话的社会影响》,邓天颖译,中国人民大学出版社,2008。

俞可平:《衡量国家治理体系现代化的基本标准》,《北京日报》2013 年 12 月 9 日。

苑国华:《简论齐美尔的社会冲突思想及其现实意义》,《陕西理工学院学报》(社会科学版)2011 年第 29 卷第 1 期。

约翰·H·霍兰:《隐秩序:适应性造就复杂性》,周晓牧、韩晖译,上海世纪出版集团,2011。

增毛加:《风险社会视阈下西藏基层政府公共危机治理研究》,《中国管理信息化》2020 年第 23 卷第 18 期。

张鸿雁:《侵入与接替——城市社会结构变迁新论》,东南大学出版社,2000。

张康之:《把握服务型政府研究的理论方向》,《人民论坛》2006年第5期。

张旻:《把政务热线建成人民群众的"幸福线"》,《群众》2021年第5期。

张欣亮、王雯:《政务热线改革驱动下超大城市基层敏捷治理研究——以北京市"12345"政务热线为例》,《领导科学》2021年第16期。

张新生、金韦彤:《用好政务热线 解决疫情防控中的民生问题》,《群众》2020年第4期。

张新生:《创新社会治理:大数据应用与公共服务供给侧改革》,《南京社会科学》2018年第12期。

张序:《公共服务供给的理论基础:体系梳理与框架构建》,《四川大学学报》(哲学社会科学版)2015年第4期。

赵超、金华宝:《从标准化到精准化:大数据时代民族地区的公共服务供给转向》,《重庆理工大学学报》(社会科学版)2017年第10期。

赵定东:《整合中的社会沟通与"安全阀"的社会效用——C市"市长公开电话"的运作及功能》,硕士学位论文,吉林大学,2004。

赵金旭、王宁、孟天广:《链接市民与城市:超大城市治理中的热线问政与政府回应——基于北京市"12345"政务热线大数据分析》,《电子政务》2021年第2期。

赵娟、王烨、张小劲:《公众诉求与回应性监管:基于政务热线大数据的社会性监管创新——对三类社会性监管领域的比较分析》,《电子政务》2021年第2期。

郑跃平、梁灿鑫、连雨璐等:《地方政府部门数字化转型的现状与问题——基于城市层面政务热线的实证研究》，《电子政务》2021年第2期。

郑跃平、梁春鼎、黄思颖:《我国地方政府政务热线发展的现状与问题——基于28个大中城市政务热线的调查研究》，《电子政务》2018年第12期。

中华人民共和国国务院新闻办公室:《中国的民主》，人民出版社，2021。

"中国社会管理评价体系"课题组、俞可平:《中国社会治理评价指标体系》，《中国治理评论》2012年第2期。

钟运金:《社会安全阀理论视域下Z区公安信访维稳问题研究》，硕士学位论文，华南理工大学，2019。

钟卓新:《一些主要国家的电话普及率》，《通信技术》1988年第2期。

周旭东:《苏州"12345"政府热线平台的原型设计与实现》，硕士学位论文，解放军信息工程大学，2008。

朱力:《突发事件的概念、要素与类型》，《南京社会科学》2007年第11期。

竺乾威:《从新公共管理到整体性治理》，《中国行政管理》2008年第10期。

宗兆宣:《省政府服务热线"12345"正式运行》，《海南日报》2016年7月3日。

左安龙:《开创中国新闻界新一轮联合 展示社会主义民主的风范 '95华东省市长热线轰动华东》，《新闻记者》1995年第4期。

Alshawi, S. and Alalwany, H., "E-Government Evaluation: Citizen's Perspective in Developing Countries," *Information*

Technology for Development 15.3(2010):193-208.

Bergeron, B. P., *Essentials of Shared Services*. (Hoboken, NJ: John Wiley & Sons, 2003).

Charih, M.and Robert, J., "Government On-Line in the Federal Government of Canada: The Organizational Issues," *International Review of Administrative Sciences* 70.2(2004): 373-384.

Chen, I.J.and Popovich, K., "Understanding Customer Relationship Management (CRM): People, Process and Technology," *Business Process Management Journal* 9.5(2003): 672-688.

"Citizen-Centered Delivery," *International Review of Administrative Sciences* 71.1(2005): 119-131.

Desouza, K. C. and Jacob, B., "Big Data in the Public Sector: Lessons for Practitioners and Scholars," *Administration & Society* (2014): 1-22.

Dias, C. P.and Rafael, J. A., "A Simple Model and a Distributed Architecture for Realizing One-stop E-government," *Electronic Commerce Research and Applications.*,6.1 (2007): 81-90.

Dollery, B.and Akimov, A.,"Are Shared Services a Panacea for Australian Local Government? A Critical Note on Australian and International Empirical Evidence," *International Review of Public Administration* 12.2(2008): 89-99.

Eckerd, A. ,"The PerformanceStat Potential: A Leadership Strategy for Producing Results," *Public Administration Review* 77.1(2017): 139-141.

Fleming, B. C.,"Customer Service and 311/CRM Technology in

Local Governments: Lessons on Connecting with Citizens," *Washington, DC: International City/Council Management Association*(2008).

Flumian, M., Coe, A.and Kernaghan, K., "Transforming Service to Canadians: The Service Canada Model," *International Review of Administrative Sciences* 73.4(2007): 557-568.

Gann, D. M., Dodgson, M.and Bhardwaj, D., "Physical-Digital Integration in City Infrastructure," *IBM Journal of Research and Development* 55.1.2(2011): 8.

Goo, J., Kishore, R., Rao, H. R.and Nam, K., "The Role of Service Level Agreements in Relational Management of Information Technology Outsourcing: An Empirical Study," *MIS Quarterly*, 33.1(2009):119-145.

Hiles, A. N.,"Service Level Agreements," *Health Estate*, 52.1(1994): 36-43.

Howard, J., "Transcript of the Prime Minister, the Hon. John Howard MP, Address at the Official Launch of Centrelink (Commonwealth Services Delivery Agency)." 2007.http://pandora.nla.gov.au/pan/10052/20040221-0000/www.pm.gov.au/news/speeches/1997/centlink.html.

Janssen, M.and Borman, M.,"Characteristics of a Successful Shared Services Centre in the Australian Public Sector," *Transforming Government People Process & Policy* 2010, 4.3(2010): 220-231.

Katz, E., Haas, H. and Gurevitch, M. "On the Use of Mass Media for Important Things," *American Sociological Review*

38.April (1973): 164-181.

Kavanagh, S. C., "An Introduction to CRM," in Kavanagh S. C. ed., *Revolutionizing Constituent Relationships: The Promise of CRM Systems for the Public Sector.* (Chicago: Government Finance Officers Association, 2007), p. 9-19.

Kernaghan, K., "Moving Towards the Virtual State: Integrating Services and Service Channels for Citizen-Centered Delivery," *International Review of Administrative Sciences*, 71.1(2005): 119-131.

Lobel, O., "Setting the Agenda for New Governance Research," *Social Science Electronic Publishing*, 892(2004): 498-509.

M. Wimmer and E. Tambouris, *Online One-stop Government: A Working Fremework and Requirement.* (Paper Presented at the Proceedings of the IFIP World Computer Congress, Montreal. August, 2020), pp. 26-30.

Marsh, D., "What is at Stake? A Response to Bevir and Rhodes," *British Journal of Politics and International Relations* 104(2008): 735-739.

Moses, L. B.and Chan, J., "Using Big Data for Legal and Law Enforcement Decisions: Testing the New Tool," *University of New South Wales Law Journal* 37.2(2014): 643-678.

Nam, T.and Pardo, T. A., "The Changing Face of a City Government: A Case Study of Philly311," *Government Information Quarterly*, 31jun.suppl(2014): S1-S9.

Nam, T. and Pardo, T. A., "Understanding Municipal Service Integration: An Exploratory Study of 311 Contact Centers,"

The Journal of Urban Technology 21.1(2014b): 55-76.

Norris, F. H., Stevens, S. P., Pfefferbaum, B., Wyche, K. F.and Pfefferbaum, R L. "Community Resilience as a Metaphor, Theory, Set of Capacities, and Strategy for Disaster Readiness," *American Journal of Community Psychology*, 41.1-2(2008): 127-150.

Organizational Issues," *International Review of Administrative Sciences* 70.2(2004): 373-384.

P. Hirst, "Democracy and Governance," in F. Pierre, eds., *Debating Governance: Authority, Steering, and Democracy* (Oxford: Oxford University Press, 2000), p.13-35.

Peters, B. G. and Pierre, J., "Governance Without Government? Rethinking Public Administration," *Journal of Public Administration Research and Theory*, 8.2(1998), 223-243.

Reddick, C. G. and Turner, M., "Channel Choice and Public Service Delivery in Canada: Comparing E-government to Traditional Service Delivery," *Government Information Quarterly* 29.1(2012): 1-11.

Roy, J. and Langford, J., *Integrating Service Delivery Across Levels of Government: Case Studies of Canada and Other Countries*. (Washington, D.C.: IBM Center for the Business of Government, 2008).

Shi Yijun, Zhai Guofang, Xu Lihua et al., "Assessment Methods of Urban System Resilience: From the Perspective of Complex Adaptive System Theory - Science Direct," *Cities*, 112.4(2021): 103141.

后　记
四十年热线创新路，未应磨染是初心

《民声四十年》的撰写酝酿已久。政府热线研究是我到南京市社会科学院工作后接触的第一个项目，我依然清晰地记得2016年4月在南京师范大学随园校区敬师楼茶社的那次交流，正是那次交流引起了我对政府热线的好奇和兴趣。随后的六年时间里，与南京市"12345"政务热线服务中心的合作为本书的撰写提供了大量鲜活的素材，我们共同调研走访了广州、福州、大连、银川、兰州、佛山、海口等多个城市政府热线，围绕群众关心的物业管理、校外培训、断头路、停车难、精装修房等话题展开了无数次讨论，我与热线中心的同志也结下了深厚的友谊。每次研究报告获得省市领导签批并推动群众诉求的解决，都让我们由衷感受到政府热线的重要价值，这成为我们持续深入研究政府热线的内在动力。

面对数以百万计的市民诉求数据，我常常思考这些数据的价值和政府热线这种机制本身的意义。为什么一个诞生近四十年的制度能够始终保持无限生机、发展成为遍布全国的热线网络,并在观念、技术、制度上不断推陈出新?答案应该就在这海量的诉求数据之中,即这些数据背后群众的声音。接触政府热线数据研究的几年中,我逐渐养成了一个习惯,闲暇之余会翻看当日的诉求工单,想看看与我同在这座城市的市民正面临怎样的烦恼?诉求的背后又有怎样的故事?我会想象市民接通热线时是什么心态,同时也会去跟踪诉求办理的进展,看看政府部门是如何帮助群众解决问题的,以及政府是否能真正帮助市民排忧解难。这些鲜活的诉求案例常常给予我诸多启发,让我意识到万千数据的背后不仅有共性烦恼,也有特殊的个体诉求,一样需要认真对待。

"敬畏民声"应该成为每个热线人和政府热线研究者的基本心态。每一件诉求背后都真实蕴含着群众的需求、情感和对政府的期待,千千万万诉求汇集成的"民声"更是承载了非凡的意义。让我们痛心的是,这些承载了广大群众心声的诉求并不是在每个城市都得到了充分的重视。有些城市一方面在推进民生实事中苦于找不到真正的民生痛点,另一方面又对政府热线海量的民生诉求视而不见。这其中既有政府内部信息不对称的问题,也有民生数据挖掘和分析能力不足的问题,更有对政府热线宣传和理解不到位的问题。同时,广大人民群众对政府热线的认识也并不充分,特别是习惯于使用互联网的年轻群体,他们中的不少人甚至不知道政府热线的存在。这也更加坚定了我对《民声四十年》这本书的写作决心,希望这本书对政府热线的梳理、总结和思考,能为政府热线的公众宣传尽绵薄之力。我内心深知这本单薄的书并不能完全承载政府热线发展四十年的辉煌历程，更多是希望抓住其中的精彩瞬间，提炼政府热线研究的关键成果，这是对我六年来相关研究的阶段性小结，也希望本书能够成为人们了解政府热线的指南。

让人欣喜的是，近年来国家层面对政府热线制度在不断重视和规范。在"以人民为中心"的发展思想指引下，各地政府热线普遍越来越受到重视，成为服务型政府建设的理论焦点和实践场域。政府热线通过对群众诉求的收集、处置和反馈，为市民工作和生活带来了便捷；对群众诉求数据的统计、分析和挖掘，也为政府及其职能部门提供了治理依据。这种政府与市民间的沟通和互动，为城市治理体系和治理能力现代化开创了全新的思路，政府热线在未来城市治理中大有可为。因此，这本《民声四十年》既有对政府热线发展的历史性回顾，也有对政府热线的理论和实践创新的探讨，更有对政府热线未来发展的展望。

感谢的话一定要说。感谢南京市"12345"政务热线服务中心对本书给予的全方位支持，六年多来深度合作中的思考和实践积累是这本《民声四十年》写作的基础。感谢南京市委宣传部"南京市百名优秀文化人才培养资助项目"的支持。感谢叶静博士参与本书的资料收集和文献梳理工作。感谢南京市社会科学界联合会的领导、同事和朋友们对本书的关心和支持，本书中的诸多观点也受到了大家的启发。感谢社会科学文献出版社童根兴、谢蕊芬、李薇老师为本书出版所付出的努力。最后，要特别感谢本书写作期间我爱人给予的大力支持，正是她包揽了大多数家庭事务才让我有相对集中的时间静下来研究和写作，也感谢张奕帆小朋友的鼓励。这本《民声四十年》献给所有关心和支持我的你们！

张新生

2021年12月31日于南京

图书在版编目（CIP）数据

民声四十年：中国政府热线的理论探讨与实践创新 / 张新生, 叶静著. -- 北京：社会科学文献出版社, 2022.8
　ISBN 978-7-5228-0342-5

　Ⅰ.①民… Ⅱ.①张… ②叶… Ⅲ.①公共服务 - 研究 - 中国　Ⅳ.① D63

中国版本图书馆 CIP 数据核字（2022）第 109810 号

民声四十年
——中国政府热线的理论探讨与实践创新

著　　者 / 张新生　叶　静

出 版 人 / 王利民
责任编辑 / 李　薇
责任印制 / 王京美

出　　版 / 社会科学文献出版社·群学出版分社（010）59366453
　　　　　　地址：北京市北三环中路甲29号院华龙大厦　邮编：100029
　　　　　　网址：www.ssap.com.cn
发　　行 / 社会科学文献出版社（010）59367028
印　　装 / 三河市东方印刷有限公司

规　　格 / 开　本：889mm×1194mm　1/32
　　　　　　印　张：8.75　字　数：182千字
版　　次 / 2022年8月第1版　2022年8月第1次印刷
书　　号 / ISBN 978-7-5228-0342-5
定　　价 / 89.00元

读者服务电话：4008918866

版权所有 翻印必究